챗GPT로 만드는
주식 & 암호화폐 자동매매 시스템

KB139732

챗GPT로 만드는 주식 & 암호화폐 자동매매 시스템

1판 1쇄 발행 2023년 11월 17일
1판 4쇄 발행 2025년 1월 10일

지은이 설근민
펴낸이 장성두
펴낸곳 주식회사 제이펍

출판신고 2009년 11월 10일 제406-2009-000087호
주소 경기도 파주시 회동길 159 3층 / **전화** 070-8201-9010 / **팩스** 02-6280-0405
홈페이지 www.jpub.kr / **투고** submit@jpub.kr / **독자문의** help@jpub.kr / **교재문의** textbook@jpub.kr

소통기획부 김정준, 이상복, 안수정, 박재인, 송영화, 김은미, 배인혜, 권유라, 나준섭
소통지원부 민지환, 이승환, 김정미, 서세원 / **디자인부** 이민숙, 최병찬

진행 송영화 / **교정·교열** 김은미 / **표지·내지디자인** 이민숙 / **내지편집** 남은순
용지 에스에이치페이퍼 / **인쇄** 한승문화사 / **제본** 일진제책사

ISBN 979-11-92987-03-3 (93000)
책값은 뒤표지에 있습니다.

제이펍은 여러분의 아이디어와 원고를 기다리고 있습니다. 책으로 펴내고자 하는 아이디어나 원고가 있는 분께
서는 책의 간단한 개요와 차례, 구성과 지은이/옮긴이 약력 등을 메일(submit@jpub.kr)로 보내주세요.

챗GPT로 만드는

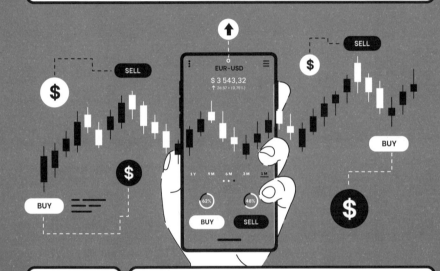

주식 & 암호화폐

자동매매 시스템

설근민 지음

Jpub
제이펍

CHAPTER 04 ▶ 챗GPT를 활용한 금융 데이터 분석

CHAPTER 05 ▶ 실전 시스템 만들기

저자는 SK증권에서 채권 운용을 담당하고 있는 매우 역량 있는 트레이더입니다. SK증권에 합류하기 전 타사에서 주식과 파생상품을 운용한 경험도 풍부합니다. 금융 투자시장의 거의 모든 영역을 넘나들며 운용 업무를 경험한, 정말 보기 드문 융합 인재입니다. 학부에서 컴퓨터공학을 공부하고 대학원에서 경영학을 전공한 것이 시너지 효과를 일으킨 덕분인 것 같습니다.

데이터 분석 및 활용 능력은 시시각각 쏟아지는 각종 데이터를 통해 미래를 예측해야 하는 금융 투자자산 운용 현장에서 생존하기 위한 필수 역량입니다. 트레이더의 직관에만 의존해서는 이제 더 이상 데이터의 홍수 속에서 살아남을 수 없습니다. 컴퓨터의 도움이 필수 불가결한 시대가 도래한 것입니다. 저자는 이 분야에서 탁월한 경쟁력을 갖추고 강점을 보이고 있습니다. 이 책은 챗GPT를 통해 투자자산의 가격 움직임을 예측하는 프로그램을 실제로 파이썬으로 코딩해보는 내용을 담고 있습니다. C++를 비롯한 프로그래밍 언어에 대한 전문적인 지식이 없더라도 차분하게 읽어 내려가면서 실습하면 충분히 실전에 적용할 수 있습니다. 오픈AI의 챗GPT와 파이썬만으로도 기초 역량을 익힐 수 있을 것입니다.

저자가 서론에서 언급한 바와 같이 AI와 함께하는 코딩 시대에는 모든 코드를 일일이 이해하는 능력보다 창의성이 더욱 중요합니다. 복잡한 코딩의 세부적인 내용에 대한 고민은 AI에게 맡기고, 우리는 보다 창의적인 일과 논리를 구성하는 데 집중할 수 있습니다. 이 책은 예시를 통해 새로운 패러다임을 구체적으로 보여줍니다.

구체적이고 명확한 질문을 던지면, 꽤 훌륭한 파이썬 코드를 작성해주는 것처럼 말입니다.

이 책에서 안내하는 대로 따라 하면 주식과 암호화폐 가격 변동을 예측하는 기본적인 프로그램을 내 손으로 만들 수 있습니다. 우리는 AI, 특히 최근 빠르게 진보하고 있는 챗GPT 등 거대언어모델large language model, LLM에 대해 막연한 기대와 더불어 두려움도 갖고 있습니다. 이 책을 통해 챗GPT를 실제로 활용해보십시오. 금융권 현역 트레이더뿐만 아니라, 자산 운용 분야에 진출하기를 꿈꾸는 학생들과 실전 트레이딩을 하고 있는 투자자들에게도 큰 도움이 되리라 믿습니다.

전우종(SK증권 대표이사)

금융가에서 챗GPT를 가장 성공적으로 사용하는 형태는 프로그래밍의 보조 수단으로 활용하는 것이라 할 수 있습니다. 아무리 자주 사용하는 프로그램 언어라 할지라도 모든 루틴을 다 기억하지는 못합니다. 게다가 새로운 루틴들이 지속적으로 개발되고 있으므로 매일 프로그래밍 언어를 공부하는 데 소중한 시간을 다 쓸 수도 없습니다. 또한, 새로운 아이디어를 활용하기 위해 매번 다시 프로그래밍을 하려면 많은 노력과 시간을 필요로 합니다.

이 책은 '챗GPT를 활용하여 어떻게 원하는 결과를 얻는가?' 하는 명제를 바탕으로 기본부터 중요 부분에 이르기까지 따라만 하면 마스터할 수 있는 길을 보여주고 있습니다.

저자는 카이스트 금융전문대학원에서 금융공학을 체계적으로 공부하고, 실질적 적용에 대해 많은 경험을 쌓았으며, 실무에 복귀해서도 ELS 및 채권 등 금융공학적 지식이 많이 요구되는 다양한 분야에서 활약하고 있는 인재입니다. 실무 활용 지식을 깊이 녹여낸 이 책은 금융 실무자나 투자에 관심이 있는 모두에게 필수적인 참고서 및 동반자가 되어줄 것입니다.

김동석(카이스트 경영대학 금융전문대학원 명예교수)

투자에 데이터를 활용하고 프로그래밍을 통하여 퀀트적 요소를 적용하는 방식은 이미 널리 활용될 뿐 아니라 지속적으로 발전하고 있습니다. 그럼에도 불구하고 트레이딩의 영역에서 AI의 역할은 아직 제한적인 것이 사실입니다. 여전히 사람의 의사 결정을 보조하는 역할만 수행하고 있으며, 그 성과에 대한 평가조차도 의견이 분분합니다.

현 상황은 매 순간 시시각각 변화하는 금융 환경에 최적으로 대응할 수 있는 시스템을 만들고자 지속적으로 프로그래밍을 수정하며 대응하고 있는 실정입니다. 따라서 이 책의 내용대로 시장에 신속히 대응하는 방법 중 하나로서, 앞으로는 챗GPT를 코딩에 얼마나 잘 활용할 수 있는지 묻게 될 것입니다.

현업에서 자신만의 프로그래밍을 통하여 지속적으로 트레이딩을 하고 있는 저자의 경험에 기반한 이 책은 시스템 트레이딩, 퀀트 트레이딩, 데이터 트레이딩을 준비하는 금융투자업 취업 희망자들에게 좋은 가이드가 될 것입니다.

천신영 (신영증권 Operation 본부장)

챗GPT의 등장은 저에게 인공지능이라는 분야가 드디어 실생활에 가까이 다가왔다는 걸 실감한 크나큰 변혁적인 사건이었습니다. 제가 대학교 재학 시절 컴퓨터공학을 공부할 때도 인공지능 수업이 있었으며, 지금의 이론과 비슷한 수준의 수업을 했던 기억이 납니다. 하지만 당시에는 열악한 컴퓨팅 파워로 인해 그 인공지능 이론을 실제로 실현시키기에는 역부족이었습니다. 마치 공상과학 영화를 보듯 언젠간 이런 것이 실현 가능할 것이라는 막연한 기대를 품었을 뿐입니다.

그런데 최근 혁신적인 기술 발전에 힘입어 챗GPT가 등장했습니다. 사람이 아닌 기계가 코딩을 해준다는, 과거에는 아무도 믿지 않을 만한 사건이 실제로 벌어진 것입니다. 저도 처음에 반신반의하는 마음으로 챗GPT에게 어떤 코드를 만들어달라고 주문해보았습니다. 한데 놀랍게도 챗GPT가 너무나 쉽게 코드를 만들어주었습니다. 심지어 그 프로그래밍 코드의 질과 창의성이 뛰어나 감탄을 금치 못했습니다. 어찌 보면 사람보다 더 정교하고 기발한 코드가 나오는 것을 보고 어떻게 이게 가능한지 한동안 입을 다물지 못했습니다. 이제 나의 전문성이 이대로 사장되는 것이 아닌지 식은땀이 흐를 지경이었습니다.

한동안 감탄만 토해내다 문득 이를 활용하면 기존에 엄청난 시간과 노력을 들여 코드를 작성하던 작업을, 전문성은 살리되 보다 쉽게 할 수 있겠다는 생각이 들었습니다. 그래서 저는 금융 데이터를 수집, 분석하고 이를 인공지능으로 예측하는 시스템을 챗GPT를 통해서 만들어보는 작업에 돌입했습니다. 그 결과, 단기간에 효율적으로 훌륭한 결과물을 만들어낼 수 있다는 것을 직접 경험하였습니다.

이 책은 제 이런 경험을 바탕으로 챗GPT를 이용하여 어떻게 주식 및 암호화폐의 금융 데이터를 수집, 분석, 예측하고 또한 자동매매 시스템을 구축하는지 그 방법을 소개합니다.

여러분은 이 책을 통해 금융 프로그래밍의 필요성, 챗GPT로부터 얻을 수 있는 이점, 그리고 금융과 인공지능이 어떻게 결합되는지에 대한 깊은 이해를 얻게 될 것입니다. 각 장마다 구체적인 단계별 가이드와 실제 예제를 통해 코딩 경험이 별로 없더라도 스스로 프로그래밍 스킬을 향상시킬 수 있도록 구성하였습니다.

또한 이 책은 챗GPT와 인간의 상호작용, 그리고 인공지능이 금융 분야에 어떻게 혁명을 일으키고 있는지에 대한 흥미로운 통찰력을 제공합니다. 챗GPT는 오늘날 인간과의 협력을 통해 금융 세계를 더욱 역동적으로 만들고 있습니다. 이 책은 그 변화에 어떻게 참여하고 이끌어나가야 할지 예제를 통해 구체적으로 보여줍니다.

이제 인류는 챗GPT와 같은 생성형 AI의 발달로 인해서 코딩 방법론과 같은 지엽적인 기술보다는 인간 본연의 창의성에 보다 집중할 수 있는 새로운 변혁의 시대, 그 출발점에 선 것으로 보입니다. 마치 자동차의 세세한 작동 원리를 알지 못하더라도 운전하는 방법만 알면 그 어떤 목적지든 도달할 수 있듯이 말입니다. 이제 우리는 챗GPT를 잘 활용하는 법을 익히면 원하는 목표에 쉽게 다가갈 수 있을 것입니다. 그 여정에 이 책이 도움이 되기를 바랍니다.

설근민

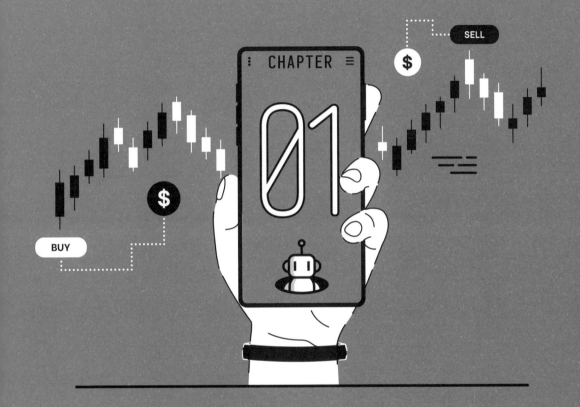

서론

1.1 금융 프로그래밍의 니즈

'내 기준에 맞는 종목을 클릭 하나로 빠르게 찾아낼 수 있다면 얼마나 편리하고 좋을까?'

'가치투자에서 PER나 배당이 중요하다는데, 도대체 수천 개의 종목 중에서 어떻게 일일이 찾으라는 거지?'

'내 전략에 맞추어 사고파는 신호를 실시간으로 받을 수 있다면 좀 더 적절한 타이밍에 매매할 수 있을 텐데.'

주식이나 코인 투자를 하는 분들이라면 이런 생각 한 번쯤은 하지 않았나요? 매일매일 수많은 데이터가 오가는 금융시장에서 차트나 뉴스를 일일이 체크하여 적정한 투자 전략을 설정하고, 판단하고, 실행하는 데 어려움을 느끼는 분들이 많을 것입니다. 가치투자나 장기투자 방식으로 접근하고자 해도 수천 개의 종목 가운데 그 기준을 충족시키는 종목을 일일이 찾아내는 것은 시간도 오래 걸릴뿐더러 쉬운 일이 아닙니다. 온종일 주식이나 코인 투자에 시간을 할애할 수 없는 일반 직장인이라면 시간을 절약할 수 있는 금융 프로그램에 대한 니즈가 더욱 절실할 것입니다. 현재 주식이나 코인에 투자한 상태는 아니지만, 금융시장에 대한 흐름을 이해하고 학습하는 것뿐 아니라 대응 전략을 배우고자 하는 분들에게도 매일 쏟아져 나오는 데이터를 수집하고 분석할 수 있는 프로그램이 있다면 큰 도움이 될 것입니다.

하지만 코딩을 전문적으로 배워본 적이 없는 사람이 이와 같은 프로그램을 직접 만드는 것은 어불성설입니다. 또한 자신의 니즈를 정확하게 반영한 프로그램을 의뢰하기 위해서는 많은 비용이 들어가는 것이 현실입니다. 한마디로 내 입맛에 딱 맞는 프로그램을 구현하는 것은 그림의 떡이나 다름없었습니다.

ChatGPT(이하 챗GPT)의 등장은 코딩을 모르는 일반인들이 그동안 실현하기 쉽지 않았던 금융 프로그래밍에 니즈를 충족하고 접근할 수 있는 길을 열어주었습니다.

이러한 변화에 부합하고자 이 책은 챗GPT를 이용하여 코딩을 어떻게 수행하는지 보여주는 것과 동시에 활용 방법을 제시합니다. 프로그래밍에 대한 니즈가 있는 분들, 코딩을 이미 어느 정도 할 줄 알지만 코딩 시간을 단축함으로써 창의성 개발에 매진하고 싶은 분들에게 도움을 주고자 합니다.

1.2 챗GPT로부터 얻을 수 있는 것들

챗GPT가 대체 뭐길래 이것을 이용해서 코딩을 한다는 건지 궁금할 것입니다. **챗GPT**는 OpenAI에서 개발한 대화형 인공지능 모델 중 하나로, 대량의 텍스트 데이터를 학습하여 문맥을 파악하고 자연스러운 문장을 생성할 수 있는 능력을 갖춘 GPTGenerative Pre-trained Transformer 모델의 변형 버전입니다. 챗GPT는 등장 이후 자연스러운 대화를 이어갈 수 있는 인공지능에 그치지 않고, 번역은 물론 글/카피라이트 작성, 데이터 수집까지 그 활용 영역을 확장해나가고 있습니다. 이 인공지능 모델이 대화를 하고 글도 쓸 수 있다는 것을 여러 매체에서 접해 익히 알고 계신 분들은 의문을 품을 것입니다.

'그래서 챗GPT가 어떻게 코딩을 한다는 건데?'

이 물음에 대한 답변은 코딩이라는 과정의 이해를 기반으로 합니다. 코딩을 할 때는 C, 자바, 파이썬 등의 언어를 활용하여, 인터넷에 오픈되어 있는 소스들을 이용하는 과정을 거칩니다. 이 과정 중에서 발생한 오류를 수정하고 다시 작성하는 방식으로 코딩을 진행하는데, 온라인상의 데이터 수집이 가능한 챗GPT가 이 과정을 빠르게 학습하여 결과물을 출력해내는 것으로 유추해볼 수 있습니다.

대화를 뛰어넘어 데이터 수집과 코딩까지 가능한 챗GPT에 대해서, 인간 문명을 획기적으로 도약시킬 수 있다는 긍정적인 시각과 더불어 인간의 일자리를 잠식할 수 있다는 부정적인 시각까지 다양하게 존재하고 있습니다.

저는 이러한 논제에 대해 기술의 진보를 경외하거나 공포스럽게 여기기보다는, 이를 적극적으로 활용해야 한다고 생각합니다. 처음 컴퓨터가 세상에 나와 보급되기 시작했을 때에도 지금과 같은 긍정과 부정의 시선이 공존했습니다. 하지만 이를 적극적으로 수용하고 이용한 사람들이 현재의 큰 부₎를 이루어내었다는 것은 역사가 알려주는 교훈이기도 합니다.

챗GPT가 진화해나가는 것을 그저 지켜보기만 할지, 이에 대한 활용법을 적극적으로 익혀 또 다른 도약을 위해 준비할 것인지는 온전히 여러분의 선택에 달려 있습니다. 이 책이 더 나은 선택을 하는 데 일조하고 도약을 위한 발판이 되기를 바랍니다.

1.3 금융과 결합한 챗GPT 프로그래밍

이 책은 챗GPT를 활용하여 금융 데이터의 수집과 분석, 자신의 니즈와 전략을 반영한 시스템 및 UI 생성 방법에 대한 내용을 담고 있습니다. 파이썬을 기본 언어로 삼아 파이썬을 처음 접하는 분들도 따라 할 수 있도록 설치 방법부터 자세히 설명합니다. 코딩에 대한 디테일한 지식보다는 궁극적으로 필요한 데이터를 얻고, 원하는 전략을 구현해주는 시스템을 실제로 만들어보는 것을 목표로 두고 챗GPT를 이용하여 그림 1-1, 그림 1-2와 같은 결과물을 누구나 쉽게 만들어낼 수 있는 것을 지향합니다.

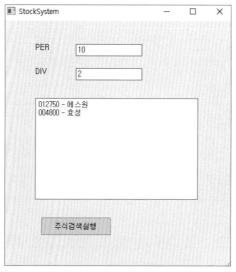

그림 1-1 　주식 종목 추천 시스템 화면

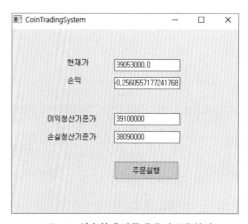

그림 1-2 　암호화폐 자동매매 시스템 화면

코딩을 할 줄 몰라도 이 책의 내용을 따라 함으로써 클릭 하나로 각종 금융 데이터 분석 및 PER과 배당에 따른 주식을 추천해주는 프로그램 생성, 암호화폐 종목 추천 그리고 자동매매 시스템까지 만들어볼 수 있도록 구성하였습니다.

저도 처음 챗GPT를 접하고 놀랐던 사실은 명확한 입력값input만 준다면 챗GPT가 생각보다 정교한 결과를 제공해준다는 점입니다. 파이썬으로 각종 데이터 수집을 하려면 복잡한 코딩 관련 스킬을 숙지하느라 시간이 많이 걸렸을 것입니다. 그러나 챗GPT는 이 어려움을 단숨에 해결해주고 놀랄 만한 결과를 보여줍니다. 앞으로 챗GPT의 발전이 기대되는 부분은 인간이 더 이상 코드 작성에 시간을 낭비하지 않고 오로지 창의성에 집중할 수 있게 만들어준다는 점입니다.

이 책은 코딩을 할 줄 아는 분들에게도 챗GPT가 어떻게 자신의 생각을 더욱 빠르고 효율적으로 구현하는지 보여줌으로써 앞으로 프로그램을 작성할 때 코딩 자체에 에너지를 쏟기보다는 본인의 창의성에 집중하는 것이 더 중요하고 효율적이라는 것을 깨닫게 해줄 것입니다.

그럼 이제부터 챗GPT를 길라잡이 삼아 프로그래밍의 세계로 들어가보겠습니다!

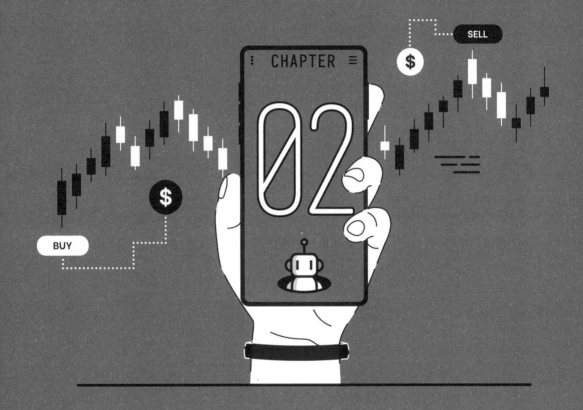

CHAPTER

02

AI 기술을
만나기 위한 준비

챗GPT를 활용하여 파이썬 금융 프로그래밍을 시작하기 전에 몇 가지 준비 과정을 거쳐야 합니다. 이번 장에서는 챗GPT 가입 및 시작과 파이썬 프로그래밍의 기초에 대해서 살펴보겠습니다.

2.1 챗GPT 가입 및 시작

챗GPT는 무료 버전과 유료 버전으로 나뉘어 있습니다. 이 책을 집필하는 시점인 2023년 4월을 기준으로 보면 **GPT-3.5** 버전은 OpenAI에 가입하면 누구나 무료로 사용할 수 있고, 추가로 월간 20달러의 이용료를 지불하면 **GPT-4**를 이용할 수 있습니다.

이 책에서는 GPT-3.5를 기본으로 사용하고 중요한 코드 부분에서는 GPT-4를 사용하였습니다. 그 이유는 챗GPT가 생성해주는 코드의 정확도라는 측면에서 GPT-4가 훨씬 우월하기 때문입니다. 독자 여러분들도 이 책을 읽어가는 동안 유료 버전 사용에 대해서 고민해보길 권합니다.

표 2-1을 보면 GPT-4가 처리 능력이나 기억용량이 훨씬 월등한 것을 알 수 있습니다. 바로 이 차이가 결과의 적합성과 정확성에 큰 영향을 미치고 있습니다.

표 2-1 **GPT-3.5와 GPT-4의 비교**

	GPT-3.5	GPT-4
이용 방법	openai.com에 회원 가입을 하면 무료로 사용 가능	회원 가입을 하고 왼쪽 하단에 위치한 'Upgrade to Plus'를 통해 월간 이용료(20달러)를 결제 후 사용 가능. 매월 구독 플랜을 해제하면 한 달 이용료만 지불하고 사용하는 것도 가능
처리 능력	한 번에 영어 기준 3천 개 정도 단어를 처리	한 번에 영어 기준 2만 5천 개 정도 단어를 처리
모델의 기억용량	약 8천 개 단어(책 4~5페이지, 토큰 4096개)를 기억해 사용자와 대화 가능	6만 4천 개 단어(책 50페이지, 토큰 3만 2768개)까지 기억해 사용자 질문에 더 적합하게 대답

챗GPT를 사용하기 위해서는 우선 OpenAI의 홈페이지에 접속하여 가입해야 합니다.

01 https://chat.openai.com/auth/login 주소로 갑니다.

그림 2-1 **챗GPT 로그인 화면**

02 중앙 우측의 [Sign up] 버튼을 누르고 가입을 합니다. 이메일로 가입해도 되고 보통 구글 계정으로 가입하면 사용하기 편합니다.

03 가입을 완료하였으면 로그인을 합니다. 로그인하면 그림 2-2와 같은 화면이 나옵니다.

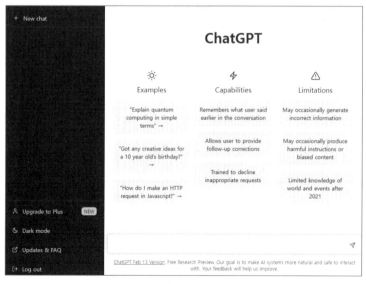

그림 2-2 **챗GPT 사용자 화면**

04 아래쪽의 입력창에 '안녕하세요'를 쓰고 엔터키를 누르면 그림 2-3과 같은
대답이 나타날 것입니다.

그림 2-3 챗GPT 기본 대화 화면

05 여기서 만약 [Upgrade to Plus]를 눌러 이용료를 결제하고 유료 플랜을 사
용하고자 한다면, 그림 2-4와 같이 챗GPT 버전을 변경할 수 있는 화면이
나옵니다.

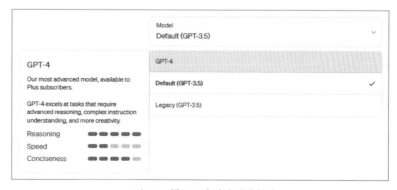

그림 2-4 챗GPT의 버전 선택 화면

답변 앞에 초록색으로 표시되면 GPT-3.5를 통한 답변이고, 다른 색(2023년 4월까지는 검은색, 5월부터는 보라색으로 바뀌었으며 업데이트에 따라 바뀔 수 있음)으로 표시되면 GPT-4를 통한 답변입니다. 이 책에서는 GPT-3.5와 GPT-4를 적절히 분배하여 사용하면서 독자분들이 쉽게 구분할 수 있도록 답변 앞에 표시하겠습니다.

여기서 우리가 꼭 알아야 할 것은, 챗GPT는 같은 질문이라도 매번 다양한 관점과 정보를 기반으로 다른 답변을 생성한다는 점입니다. 그 이유는 챗GPT가 다양한 텍스트 데이터를 학습하여 여러 가지 해석과 정보를 포함하고 있는 상태에서, 이 중 하나를 확률적으로 선택하기 때문에 동일한 질문에도 다양한 답변을 내보내는 것입니다. 그러므로 이 책과 똑같은 질문을 하였는데 다른 답이 나온다고 당황하지 말기 바랍니다. 질문을 명확히 구성하는 능력만 보유하면 원하는 답변을 얻을 수 있고, 약간 다른 답변이라 하더라도 챗GPT와 대화를 나누며 수정해나가다 보면 최종 목표에 도달할 수 있습니다.

지금까지 챗GPT의 가입 방법과 간단한 사용법을 알아보았습니다. 이제 이 챗GPT와 파이썬을 결합하여 새로운 세계로 항해를 떠나봅시다.

2.2 파이썬 셋업

파이썬Python은 문법이 쉽고 간결하여 인기 있는 프로그래밍 언어로, 그 활용도가 높아서 머신러닝, 데이터 분석 등 다양한 분야에서 사용하고 있습니다. 파이썬을 처음 배우는 분들을 위해 먼저 파이썬 기초에 대해 알아보겠습니다.

이 책에서는 코딩하는 데 챗GPT를 이용할 예정이므로 자세한 파이썬 문법보다는 챗GPT의 답변을 이해할 수 있는 정도의 파이썬 지식만 학습하도록 하겠습니다. 챗GPT가 작성해준 파이썬 코드를 보고 어디를 수정해야 하는지를 위주로 설명할 것입니다. 실제로 AI와 함께하는 코딩 시대에는 모든 코드를 일일이 이해하는 능력보다 창의성이 중요해지는 시대가 올 것입니다. 마치 우리가 자동차를 운전할 때 엔진의 구조와 브레이크의 원리를 모르더라도 핸들과 액셀을 잘 조종해 목적지까지 안전하게 운행하는 것이 중요하듯이, 코딩에서도 이제 세세한 내부 문법과 형식을 익히는 데 치우치는 것보다는 창의성 있게 전체 시스템을 구성하는 능력이 중요해질 것입니다. AI 기술의 발달과 함께 기존의 관점과 다른 완전히 새로운 시대가 펼쳐질 것으로 보입니다.

파이썬 설치

먼저 파이썬 공식 홈페이지인 https://www.python.org/downloads/에서 자신의 운영체제에 맞는 버전을 다운로드하여 설치합니다. 3.x 버전으로 설치하면 되는데, 이 책에서는 예시로 비교적 안정된 버전인 2020년 12월 21일자로 릴리스된 3.8.7 64bit 버전을 설치하겠습니다.

파이썬은 최신 버전 설치가 좋은 것이 아닌가요?

파이썬의 최신 버전은 최신 기능과 보안 업데이트를 포함하고 있으므로 일반적으로 사용하기에는 좋은 선택입니다. 그러나 실제로 프로젝트나 개발 환경에 따라 최신 버전이 적합하지 않을 수도 있습니다. 예를 들어, 일부 라이브러리나 프레임워크는 최신 버전의 파이썬과 호환되지 않는 문제가 발생하기도 합니다. 또한, 프로젝트에 사용하는 다른 패키지가 최신 버전의 파이썬에서 동작하지 않는 경우도 있습니다. 따라서 프로젝트에서 사용하는 패키지나 라이브러리와의 호환성을 고려하여 파이썬 버전을 선택하는 것이 좋습니다. 또한, 일부 시스템에는 파이썬 2.x 버전과 파이썬 3.x 버전이 모두 설치되어 있는 경우가 있는데, 이럴 때에는 각 버전에 대한 호환성과 의존성을 고려하여 작업해야 합니다. 그러므로 파이썬을 설치하기 전에 프로젝트의 요구사항 및 환경에 대해 고려하고 적합한 버전을 선택하는 것이 중요합니다.

이 책에서는 앞으로 개발하여 살펴볼 프로젝트들에 가장 안정적인 버전인 3.8.7을 선택하였습니다.

01 https://www.python.org/downloads/release/python-387/ 주소에 방문하여 그림 2-5와 같은 화면에서 윈도우 64비트 운영체제를 사용한다면 [Windows Installer (64-bit)] 버전을 다운로드하면 됩니다.

Files

Version	Operating System	Description	MD5 Sum	File Size	GPG
Gzipped source tarball	Source release		e1f40f4fc9ccc781fcbf8d4e86c46660	24468684	SIG
XZ compressed source tarball	Source release		60fe018fffc7f33818e6c340d29e2db9	18261096	SIG
macOS 64-bit Intel installer	macOS	for macOS 10.9 and later	3f609e58e06685f27ff3306bbcae6565	29801336	SIG
Windows embeddable package (32-bit)	Windows		efbe9f5f3a6f166c7c9b7dbebbe2cb24	7328313	SIG
Windows embeddable package (64-bit)	Windows		61db96411fc00aea8a06e7e25cab2df7	8190247	SIG
Windows help file	Windows		8d59fd3d833e969af23b212537a27c15	8534307	SIG
Windows installer (32-bit)	Windows		ed99dc2ec9057a60ca3591ccce29e9e4	27064968	SIG
Windows installer (64-bit)	Windows	Recommended	325ec7acd0e319963b505aea877a23a4	28151648	SIG

그림 2-5 **파이썬 다운로드 화면**

02 다운로드를 완료하고 python-3.8.7-amd64.EXE 파일을 실행하면 그림 2-6 과 같은 화면이 나옵니다.

그림 2-6 **파이썬 설치 화면 1**

03 [Add Python 3.8 to PATH]를 선택하고 [Customize installation]으로 실행합니다.

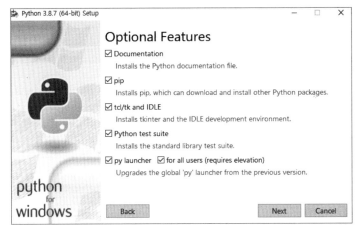

그림 2-7 파이썬 설치 화면 2

04 그림 2-7과 같은 화면이 뜨면 [Next] 버튼을 클릭합니다.

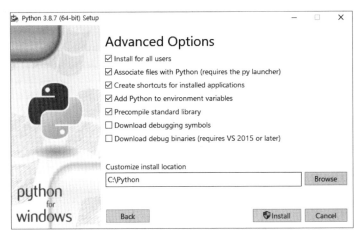

그림 2-8 파이썬 설치 화면 3

05 그림 2-8에서 [Install for all users]를 선택하고 'Customize install location'의 주소를 'C:\Python'으로 수정한 다음 [Install] 버튼을 클릭합니다.

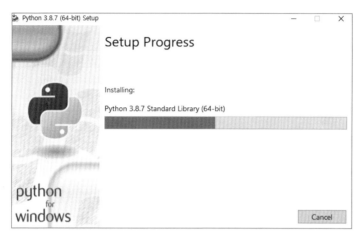

그림 2-9 파이썬 설치 화면 4

06 그림 2-9와 같은 화면이 나타나고 설치를 시작합니다.

그림 2-10 파이썬 설치 화면 5

설치가 끝나면 그림 2-10과 같은 화면이 나타나는데, 여기서 [Close]를 클릭하면 파이썬을 사용할 수 있습니다.

PyCharm 설치

PyCharm은 파이썬 개발을 위한 강력한 통합 개발 환경integrated development environment, IDE입니다. 파이썬 언어를 위한 전용 편집기, 디버거, 코드 자동 완성 및 검사 기능을 제공하는 프로그램으로 젯브레인스JetBrains에서 개발하였습니다. PyCharm은 프로젝트 관리를 위한 깃Git, SVN, 머큐리얼Mercurial 등의 버전 관리 시스템과의 연동 기능, 코드 분석, 단위 테스트, 리팩토링, 디버깅 등 다양한 기능을 제공합니다. 또한, 대규모 프로젝트에서도 높은 생산성을 유지할 수 있도록 코드 자동 완성, 문법 검사, 타입 체크 등의 기능을 제공합니다. 그뿐 아니라 장고Django, 플라스크Flask 등의 프레임워크와도 연동하여 보다 쉽게 개발할 수 있도록 도와줍니다. 한마디로 파이썬 개발을 도와주는 만능 도구라고 할 수 있습니다.

PyCharm은 무료 버전인 커뮤니티 에디션Community Edition과 유료 버전인 프로페셔널 에디션Professional Edition이 있습니다. 무료 버전인 커뮤니티 에디션은 기본적인 개발 기능을 제공합니다. 반면 프로페셔널 에디션은 상용 제품으로 보다 많은 기능을 제공하며, 대규모 프로젝트에서 더욱 효율적인 개발을 지원합니다. 이 책에서는 무료 버전이면 충분하므로 커뮤니티 에디션을 설치해 사용하겠습니다.

01 PyCharm 설치를 위해 https://www.jetbrains.com/pycharm/download로 갑니다.*

---

* 책에서 설명하는 버전은 다음 URL에서 확인할 수 있습니다. https://www.jetbrains.com/pycharm/download/other.html

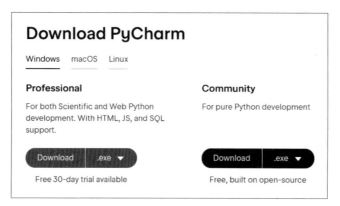

그림 2-11 PyCharm 다운로드 화면

02 그림 2-11에서 'Community'의 [Download]를 클릭하면 PyCharm 설치 파일이 다운로드됩니다. 여기서는 예시로 pycharm-community-2022.3.2.exe 파일을 기준으로 설명하겠습니다. 다운로드한 파일을 실행하면 그림 2-12와 같은 화면이 나타납니다.

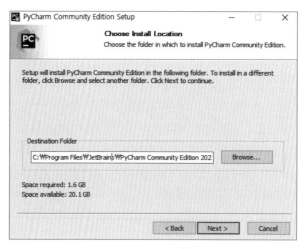

그림 2-12 PyCharm 설치 화면 1

03 그림 2-12에서 [Next] 버튼을 클릭합니다.

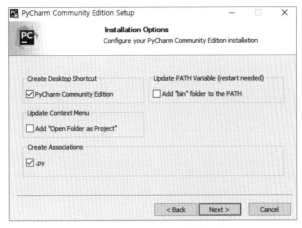

그림 2-13 PyCharm 설치 화면 2

04 그러면 그림 2-13과 같은 화면이 나오는데, 'Create Desktop Shortcut'의
[PyCharm Community Edition]과 'Create Associations'의 [.py] 부분을
체크하고 [Next]를 누릅니다.

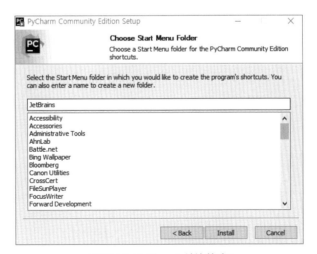

그림 2-14 PyCharm 설치 화면 3

05 그림 2-14에서 [Install]을 클릭하면 그림 2-15와 같이 작업을 진행합니다.

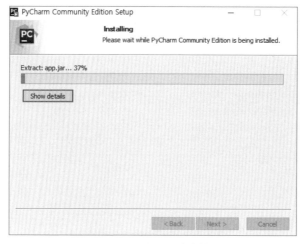

그림 2-15　PyCharm 설치 화면 4

06 설치가 끝나 그림 2-16과 같은 화면이 나타나면 [Finish]를 누릅니다.

그림 2-16　PyCharm 설치 화면 5

07 PyCharm을 처음 실행하면 그림 2-17과 같은 화면이 뜨는데, 동의를 체크하고 [Continue]를 누릅니다.

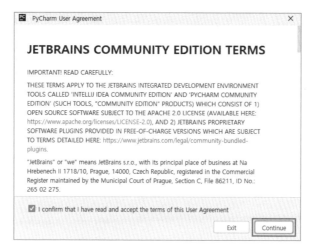

그림 2-17 PyCharm 사용자 동의 화면

08 그림 2-18과 같은 화면이 나타나면 [New Project]를 클릭합니다.

그림 2-18 PyCharm 실행 화면 1

09 그림 2-19에서 'Location'을 'C:\PythonProject'로 수정하고 이미 설치된 파이썬 환경이 있으니 'Previously configured interpreter'를 선택합니다.

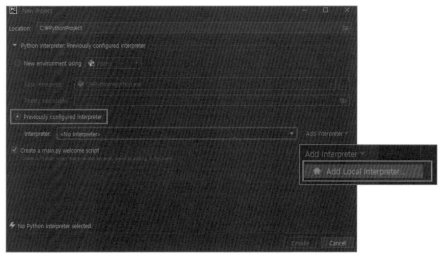

그림 2-19 PyCharm 실행 화면 2

10 그림 2-19의 오른쪽에 있는 [Add Interpreter]를 클릭하여 [Add Local Interpreter]를 누르면 그림 2-20과 같은 화면이 나타납니다.

그림 2-20 PyCharm 실행 화면 3

11 그림 2-20에서 [System Interpreter]를 선택하고 우리가 조금 전에 파이썬을 설치한 경로인 'C:\Python\python.exe'를 인터프리터로 선택합니다.

그림 2-21 PyCharm 실행 화면 4

12 그림 2-21과 같이 Python 3.8이 제대로 선택된 것을 확인할 수 있습니다. 이제 [Create]를 누르면 그림 2-22와 같이 PyCharm이 실행되고 기본 프로젝트가 만들어진 것을 볼 수 있습니다.*

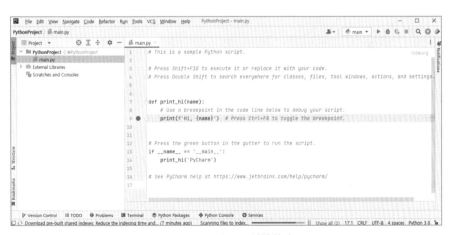

그림 2-22 PyCharm 실행 화면 5

---

* 독자 편의를 위해 그림 2-22부터 PyCharm의 테마를 변경하였습니다.

PyCharm의 화면 구성은 크게 다음과 같은 요소로 구성되어 있습니다.

1. **메뉴 모음**menu bar: 파일, 편집, 보기, 도구 등의 메뉴를 제공합니다.
2. **툴바**toolbar: 메뉴 모음 아래에 위치하며, 자주 사용하는 명령어와 도구에 대한 버튼을 제공합니다.
3. **프로젝트창**project pane: 왼쪽에 위치하며, 프로젝트의 파일 및 디렉토리 구조를 표시합니다. 파일 및 디렉토리를 마우스로 클릭하여 파일을 열거나 프로젝트 설정을 변경할 수 있습니다.
4. **편집창**editor pane: 중앙에 위치하며, 편집 중인 파일의 내용을 표시합니다.
5. **스크롤바**scrollbar: 편집창 오른쪽에 위치하며, 스크롤바를 사용하여 파일의 내용을 스크롤할 수 있습니다.
6. **상태 표시줄**status bar: 화면 하단에 위치하며, 현재 파일의 인코딩, 줄과 열 번호, 현재 커서 위치 등을 표시합니다.
7. **도구창**tool window: 왼쪽, 오른쪽, 하단에 위치하며, 터미널, 버전 관리, 디버그 등과 같은 도구를 제공합니다.
8. **실행창**run window: 하단에 위치하며 코드를 실행시키면 이 창에서 결과를 볼 수 있습니다.

기본 프로젝트를 열면 자동으로 만들어진 파이썬 파일인 main.py의 코드가 보입니다. 편집창에서 마우스 오른쪽 버튼을 클릭하면 그림 2-23과 같은 화면이 나타납니다.

그림 2-23 PyCharm 실행 화면 6

그림 2-23에서 [Run 'main']을 클릭하면 그림 2-24와 같이 Run 창에 'Hi, PyCharm'이 출력되는 것을 볼 수 있습니다.

그림 2-24 PyCharm 실행 화면 7

여기서 만약 다른 .py 파일을 만들고 싶으면 PyCharm 실행 화면에서 [File] →
[New] → [Python file]을 차례대로 눌러 New Python file이라는 창이 나오면, 원
하는 파일명을 입력 후 엔터키를 누르면 됩니다.

지금까지 파이썬을 설치하고 파이썬 프로그래밍을 편리하게 사용할 수 있는
PyCharm을 설치하여 파이썬의 기본 코드를 실행해보았습니다.

파이썬 패키지 설치

파이썬 **패키지**는 파이썬 프로그래밍에서 사용하는 모듈, 함수, 클래스 등의 묶음입
니다. 이러한 패키지는 여러 개의 모듈을 포함하고 있으며, 관련된 기능을 모아서
제공합니다. 그래서 패키지와 모듈을 구분 없이 비슷한 뜻으로 쓰기도 합니다.

파이썬에서 왜 패키지를 설치하고 사용하나요?

1 **코드 재사용**: 패키지는 다른 사람이 작성한 코드의 모음으로, 특정한 작업을 수행하는 함
   수, 클래스, 메서드 등을 제공하며, 이를 활용하여 코드를 재사용할 수 있습니다. 다른 사
   람이 이미 작성한 기능을 사용하면 시간과 노력을 절약하는 효과가 있습니다.

2 **생산성 향상**: 패키지는 파이썬 생태계에서 개발된 다양한 도구와 라이브러리를 포함
   하고 있습니다. 또한, 고수준의 추상화와 기능을 제공하여 개발 작업을 단순화하고 생
   산성을 향상시킵니다. 예를 들어, 데이터 분석을 위해 pandas 패키지를 사용하면 데
   이터 조작 및 분석 작업을 훨씬 쉽게 수행할 수 있습니다.

3 **기능 확장**: 파이썬 언어에는 내장 함수와 기본 라이브러리가 있지만, 특정한 작업을 위
   해 추가 기능이 필요한 경우가 있습니다. 이때 패키지를 설치하여 사용하면 필요한 기
   능을 확장할 수 있습니다. 예를 들어, 주식 관련 데이터를 얻기 위해서 한국거래소에서
   제공하는 pykrx 패키지를 설치하면 거래소의 각종 데이터를 쉽게 받을 수 있습니다.

4 **커뮤니티 지원**: 파이썬은 개방형 커뮤니티로서 수많은 개발자가 기여하고 있습니다.
   이러한 개발자들은 패키지를 개발하고 배포하여 다른 사용자들과 공유합니다. 패키지
   를 설치하고 사용함으로써 이 커뮤니티의 지원을 받을 수 있으며, 다른 사람들과의 협
   업이나 피드백을 받을 수 있습니다.

파이썬에서 패키지를 설치하고 사용하면 이러한 이점들을 누릴 수 있을 뿐 아니라 개발 작업을
효율적으로 수행할 수 있습니다.

예를 들어, **넘파이**(numpy)는 수치 계산과 배열 연산 시 사용하는 패키지입니다. **팬더스**(pandas)는 데이터 처리와 분석에 사용하는 패키지이며, **맷플롯립**(matplotlib)은 데이터 시각화에 사용하는 패키지입니다. 다양한 기능을 제공하는 이러한 패키지는 데이터 분석, 인공지능, 웹 프로그래밍 등 다양한 분야에서 사용하고 있습니다.

패키지를 사용하면 모듈 이름의 충돌을 방지하고, 코드를 조직화하고, 코드를 재사용하는 데 도움이 됩니다. 패키지는 import 문을 통해 사용할 수 있습니다. 예를 들어, numpy 패키지를 사용하려면 다음과 같이 import 문을 사용합니다.

```
import numpy
```

또는 from 문을 사용하여 필요한 모듈만 가져올 수도 있습니다.

```
from numpy import array, sin
```

파이썬 패키지를 설치하는 방법은 크게 두 가지가 있습니다. 첫째는 파이썬 패키지 관리 도구인 pip를 사용하는 것이고, 둘째는 패키지 설치 파일을 직접 다운로드받아서 설치하는 것입니다. 그럼 이 두 가지 설치 방법에 대해 알아보겠습니다.

1. pip를 사용한 설치

pip는 파이썬 패키지 관리 도구로, 다양한 파이썬 패키지를 설치하고 관리하는 데 유용합니다. pip를 사용하여 패키지를 설치하려면 다음과 같이 명령 프롬프트(윈도우) 또는 터미널(리눅스, macOS)에서 pip install 명령어를 실행합니다.

```
pip install 패키지 이름
```

예를 들어, numpy 패키지를 설치하려면 다음과 같이 실행합니다.*

```
pip install numpy
```

윈도우 프롬프트, macOS 터미널이 무엇인가요?

윈도우 프롬프트(Windows command prompt)는 마이크로소프트 윈도우 운영체제에서 제공하는 명령 줄 인터페이스(command-line interface, CLI)입니다. 사용자가 키보드로 명령어를 입력하여 컴퓨터 시스템을 제어하고, 파일을 조작하고, 프로그램을 실행할 수 있습니다. 윈도우에서는 'cmd.exe'라는 프로그램을 실행하여 사용할 수 있습니다. 예전에 주로 사용하던 도스 창을 생각하면 이해하기 쉽습니다.

macOS 터미널(Terminal)은 애플이 개발한 macOS 운영체제에서 제공하는 명령 줄 인터페이스입니다. 사용자가 키보드로 명령어를 입력하여 컴퓨터 시스템을 제어하고, 파일을 조작하고, 프로그램을 실행할 수 있습니다. macOS에서는 'Terminal.app'이라는 프로그램을 실행하여 사용할 수 있습니다.

윈도우 프롬프트와 macOS 터미널은 CLI를 제공하며, 유닉스(UNIX)와 리눅스(Linux) 등 다른 운영체제에서도 유사한 명령 줄 인터페이스를 제공합니다. CLI를 사용하여 다양한 작업을 수행할 수 있으며, 특히 프로그래밍이나 시스템 관리 등에서 유용하게 쓰입니다.

2. 패키지 설치 파일을 다운로드하여 설치

패키지 설치 파일을 다운로드하여 설치하는 경우, 해당 패키지의 홈페이지나 **PyPI**(https://pypi.org/)에서 설치 파일(.whl, .tar.gz 등)을 다운로드받아서 설치합니다. 설치 파일을 다운로드한 후, **명령 프롬프트**(윈도우) 또는 **터미널**(리눅스, macOS)에서 다음과 같이 설치 명령어를 실행합니다.

```
pip install [다운로드받은 패키지 파일 이름]
```

---

* 패키지 설치 시에 오류가 나면 'pip install --upgrade pip' 명령어로 pip를 업그레이드한 후 시도해보세요.

예를 들어, **pandas** 패키지의 설치 파일(pandas-1.3.3-cp39-cp39-win_amd64.whl)을 다운로드하고 설치하려면 다음과 같이 실행합니다.

```
pip install pandas-1.3.3-cp39-cp39-win_amd64.whl
```

우리는 **pip**를 통해서 패키지를 설치할 것입니다. 이 책에서 향후 사용할 패키지 목록은 다음과 같습니다.

- **pyinstaller**: exe 파일을 만들기 위한 패키지
- **pykrx**: 주식 관련 데이터를 가지고 있는 패키지
- **ccxt**: 암호화폐 관련 데이터를 가지고 있는 패키지
- **statsmodels**: 통계분석, 회귀분석, 시계열분석 등을 수행하는 패키지
- **pyqt5**: 파이썬에서 GUI graphical user interface 프로그래밍을 할 수 있게 해주는 패키지
- **pyside2**: Qt Designer를 사용하여 UI 디자인을 하기 위한 패키지
- **matplotlib**: 파이썬에서 데이터 시각화를 위한 패키지
- **tensorflow**: 머신러닝과 딥러닝을 위한 오픈소스 패키지

이제 **pip**를 이용하여 패키지를 설치하는 예를 보여드리겠습니다. 윈도우에서 우선 명령 프롬프트를 실행해야 합니다. 실행하는 방법은 아래의 두 가지 중 어느 것을 선택해도 무방합니다.

- 윈도우 검색 창에 **cmd**를 입력합니다. 그리고 검색 결과 중 '명령 프롬프트'를 선택합니다.
- 시작 메뉴에서 '실행'을 선택한 후, **cmd**를 입력하고 엔터키를 누릅니다.

명령 프롬프트를 실행하면 그림 2-25와 같은 화면이 나타납니다. 그러면 명령 프롬프트에 **pip install pyinstaller**를 입력하고 실행합니다.

그림 2-25 **명령 프롬프트 실행 화면 1**

명령을 실행하면 그림 2-26과 같이 설치가 완료되는 것을 볼 수 있습니다.

그림 2-26 **명령 프롬프트 실행 화면 2**

위와 같은 방법으로 다음의 명령어를 차례대로 실행하면 우리가 필요로 하는 전체
라이브러리를 설치할 수 있습니다.*

```
pip install pyinstaller
pip install pykrx
pip install ccxt
pip install statsmodels
pip install pyqt5
pip install pyside2
pip install matplotlib
pip install tensorflow
```

---

* Tensorflow 설치 시 오류가 발생하면 다음을 시도해보세요. 'pip install --upgrade pip' 명령어로 pip를
업그레이드한 후 'pip install tensorflow'로 패키지를 설치합니다.

2.3 파이썬 프로그래밍 기초

파이썬은 초보자도 쉽게 배울 수 있는 프로그래밍 언어로 많은 사용자들에게 인기가 있습니다. 특히, 주식과 암호화폐의 영역에 파이썬을 활용하면 다음과 같은 것들을 다른 프로그래밍 언어보다 쉽게 구현할 수 있습니다.

1. **데이터 수집 및 분석**: 주식 시장 및 암호화폐 시장에서 데이터를 수집하고 저장할 수 있습니다. 이를 통해 주가, 거래량, 거래소 데이터 등을 분석하고 트렌드를 파악할 수 있습니다.

2. **트레이딩 알고리즘 개발**: 파이썬을 사용하여 주식 및 암호화폐 거래 알고리즘을 개발할 수 있습니다. 주식 및 암호화폐 시장의 가격 움직임을 예측하고 자동으로 거래 결정을 내릴 수 있습니다.

3. **데이터 시각화**: 파이썬의 다양한 데이터 시각화 라이브러리를 활용하여 주식 및 암호화폐 데이터를 그래프나 차트로 시각화할 수 있습니다. 데이터 패턴의 시각화를 통해 직관적으로 이해할 수 있습니다.

4. **자동화된 거래**: 주식 및 암호화폐 거래를 자동화하는 봇을 개발할 수 있습니다. 이러한 봇은 특정 전략에 따라 자동으로 주문을 생성하고 실행합니다.

5. **투자 포트폴리오 관리**: 파이썬을 사용하여 투자 포트폴리오를 관리하고 최적화할 수 있습니다. 포트폴리오 수익률, 위험 등을 계산하고 조절할 수 있습니다.

6. **머신러닝 및 딥러닝**: 파이썬은 머신러닝 및 딥러닝 모델을 구축하고 훈련하는 데 많이 사용됩니다. 이를 활용하여 주식 및 암호화폐 시장에서의 예측 모델을 개발할 수 있습니다.

주식 및 암호화폐 시장은 매우 동적이며 데이터에 기반한 의사 결정이 중요합니다. 파이썬은 이러한 분야에서 데이터 처리, 분석, 모델링, 자동화, 시각화 등 다양한 작업을 수행하는 강력한 도구입니다. 챗GPT를 통해 이러한 작업을 구현하는 방법을 살펴볼 예정입니다. 이번 절에서는 파이썬 프로그래밍을 시작하기 위한 기초 개념에 대해 알아보겠습니다.

이 책에서는 챗GPT가 생성하는 파이썬 코드를 한 줄씩 이해하기보다는 이를 활용하는 데 중점을 두려고 합니다. 하지만 최소한의 파이썬 기초 지식은 아는 게 좋을 것으로 생각하여 이 절을 마련하였습니다. 파이썬 문법에 대해 더 자세히 알고 싶다면 보다 전문적인 파이썬 프로그래밍 서적을 살펴보길 권합니다.

파이썬 기초 문법

1. 출력하기

파이썬에서 출력을 하기 위해서는 print() 함수를 사용합니다. print() 함수는 괄호 안에 있는 내용을 출력하는 역할을 합니다. 예를 들어, 'Hello, World!'를 출력하고 싶다면 다음과 같이 코드를 작성합니다.

```
print("Hello, World!")
```

2. 변수

파이썬에서 변수는 값을 저장하는 데 사용됩니다. 변수를 선언할 때는 변수 이름을 정하고, 이후에 할당할 값을 대입하여 선언합니다. 예를 들어, 숫자 10을 변수 x에 대입하고 싶다면 다음과 같이 코드를 작성합니다.

```
x = 10
```

3. 데이터 타입

파이썬에서는 다양한 **데이터 타입**을 지원합니다. 대표적인 데이터 타입으로는 숫자형, 문자열, 리스트, 튜플, 딕셔너리 등이 있습니다. 숫자형 데이터 타입은 정수형

(int), 실수형(float), 복소수형(complex) 등이 있습니다. 문자열 데이터 타입은 문자열(str)로 표현되며, 큰따옴표(")나 작은따옴표(')로 묶어서 표현합니다. 예를 들어, 다음과 같이 문자열을 변수에 할당할 수 있습니다.

```
name = "Alice"
```

파이썬 데이터 타입에는 어떤 것들이 있을까요?

기본 데이터 타입(primitive data type)

1 int: 정수를 나타내는 데이터 타입입니다. 예: 1, -4, 56

2 float: 부동소수점 숫자를 나타내는 데이터 타입입니다. 예: 3.14, -0.001, 2.71

3 str: 문자열을 나타내는 데이터 타입입니다. 예: "hello", 'world'

4 bool: 불리언 값을 나타내는 데이터 타입입니다. 예: True, False

복합 데이터 타입(compound data type)

1 list: 순서가 있는 변경 가능한 데이터의 집합입니다. 예: [1, 2, 3], ['apple', 'banana', 'cherry']

2 tuple: 순서가 있는 변경 불가능한 데이터의 집합입니다. 예: (1, 2, 3), ('a', 'b', 'c')

3 set: 순서가 없고 중복이 없는 데이터의 집합입니다. 예: {1, 2, 3}, {'apple', 'banana'}

4 dict(딕셔너리): 키-값 쌍으로 데이터를 저장하는 데이터 타입입니다. 예: {'name': 'John', 'age': 25}

4. 연산자

파이썬에서는 다양한 **연산자**를 지원합니다. 산술연산자(+, -, *, / 등), 비교연산자(==, !=, >, < 등), 논리연산자(and, or, not 등) 등이 있습니다. 예를 들어, 다음과 같이 두 숫자를 더하는 연산을 할 수 있습니다.

```
a = 10
b = 20
result = a + b
print(result)
```

5. 조건문

파이썬에서는 **조건문**을 이용하여 특정 조건에 따라 코드를 실행하거나 실행하지 않을 수 있습니다. 조건문은 if 문과 else 문으로 구성됩니다. 예를 들어, 다음과 같이 if 문을 사용하여 양수와 음수를 구분하는 코드를 작성할 수 있습니다. 다음 예제 코드는 num이라는 변수에 10을 넣었는데 만약 이 숫자가 0보다 크면 '양수입니다.'를 출력하고, 0보다 크지 않으면 '음수입니다.'를 출력하는 예시입니다.

```
num = 10
if num > 0:
    print("양수입니다.")
else:
    print("음수입니다.")
```

6. 반복문

파이썬에서는 **반복문**을 이용하여 특정 코드를 반복적으로 실행할 수 있습니다. 반복문은 for 문과 while 문으로 구성됩니다. for 문은 지정된 범위 내에서 반복을 수행하는데, 범위는 리스트, 튜플, 문자열 등 여러 가지 데이터 타입으로 지정할 수 있습니다. for, while 문을 사용하여 리스트 내의 요소들을 출력하는 예제를 살펴보겠습니다.

다음은 for 문을 사용하여 apple, banana, cherry가 있는 리스트를 반복하여 순회하면서 출력하는 코드입니다.

```
fruits = ["apple", "banana", "cherry"]
for fruit in fruits:
    print(fruit)
```

결괏값은 'apple banana cherry'로 나타납니다.

다음은 while 문을 사용하여 1부터 10까지 반복하면서 숫자를 출력하는 코드입니다.

```
i = 1
while i <= 10:
    print(i)
    i += 1
```

결괏값은 '1 2 3 4 5 6 7 8 9 10'으로 나타납니다.

7. 함수

파이썬에서 **함수**는 재사용 가능한 코드 블록을 만들 때 사용합니다. 함수는 def 키워드를 사용하여 정의하며, 입력값을 받아 출력값을 반환할 수 있습니다. 예를 들어, 다음과 같이 함수를 정의하여 숫자 2개를 더하는 기능을 수행할 수 있습니다. 다음 코드에서 add_number는 2개의 숫자를 입력받아 그 두 숫자를 더한 값을 리턴값으로 보내주는 함수입니다. add_number라는 함수에 10, 20을 입력값으로 설정하면 변수 sum에 그 두 숫자의 합인 30을 할당하고 print 함수를 통해서 30이라는 값을 출력하는 간단한 예시입니다.

```
def add_numbers(a, b):
    result = a + b
    return result
sum = add_numbers(10, 20)
print(sum)
```

8. 들여쓰기와 내어쓰기

오른쪽으로 칸을 띄워서 구분시키는 것을 **들여쓰기**라 하고 왼쪽으로 붙이는 것을 **내어쓰기**라 합니다. 파이썬에서는 코드 블록의 시작과 끝을 들여쓰기로 구분합니다. 들여쓰기를 잘못 사용하면 구문 오류syntax error가 발생하므로 주의해야 합니다. 들여쓰기를 할 때는 공백 4개를 사용하는 것이 일반적입니다. 이 공백 4개를 만들기 위해서는 탭tab 대신 스페이스space를 사용하는 것이 좋습니다.

다음은 if 문에서 들여쓰기와 내어쓰기를 올바르게 사용한 예시입니다.

```python
x = 10
if x > 0:
    print("x is positive")  # 4개의 공백으로 들여쓰기
    if x > 5:
        print("x is greater than 5")  # 8개의 공백으로 들여쓰기
else:
    print("x is not positive")  # 4개의 공백으로 들여쓰기
```

위의 코드에서 if 문 다음에는 콜론(:)을 써야 하고, 이후 들여쓰기를 한 부분이 코드 블록이 됩니다. else 문도 마찬가지로 들여쓰기 부분이 코드 블록이 됩니다. if 문 내부에서 또 다른 if 문을 사용하는 경우에는 들여쓰기를 8개의 공백으로 더 추가해야 합니다.

파이썬 코드에서 #은 무슨 의미인가요?

파이썬 코드에서 '#'은 **주석**(comment)을 작성하기 위한 기호입니다. '#' 뒤에 작성한 모든 내용은 파이썬 인터프리터가 무시하므로 코드 실행에 영향을 주지 않습니다. 주석은 코드를 이해하기 쉽게 하고, 코드에 대한 설명이나 메모를 작성할 때 유용합니다. 주석은 단일 라인(한 줄) 또는 여러 줄에 걸쳐 작성할 수 있습니다. 주석 작성을 통해 코드를 더욱 명확하게 만들 수 있으며, 코드를 수정하거나 유지 보수를 할 때도 유용합니다.

단일 라인 주석의 경우, '#' 기호 다음에 이어지는 모든 내용을 주석으로 처리합니다. 예를 들어, 다음과 같이 작성할 수 있습니다.

```python
# 이 코드는 변수 x에 값을 할당합니다.
x = 10
```

여러 줄 주석의 경우, ''' 또는 """ 기호 사이에 작성합니다. 예를 들어, 다음과 같이 작성할 수 있습니다.

```python
"""
이 코드는 다음과 같이 동작합니다:
1. 변수 x에 10을 할당합니다.
2. 변수 y에 20을 할당합니다.
```

```
    3. x와 y를 더한 값을 출력합니다.
    """
    x = 10
```

내어쓰기는 코드 블록이 끝나는 지점에서 사용합니다. 다음은 코드 블록이 끝나는 지점에서 내어쓰기를 사용하는 예시입니다.

```
x = 10
if x > 0:
    print("x is positive")
else:
    print("x is not positive")
print("This statement is not part of the if statement")  # 4개의 공백으로 내어쓰기
```

위의 코드에서 if 문이 끝나야만 print 문을 실행하기 때문에 들여쓰기가 끝난 후에 4개의 공백만큼 내어쓰기를 해주었습니다. 들여쓰기와 내어쓰기는 파이썬에서 매우 중요한 역할을 합니다. 코드 블록을 올바르게 구분하려면 들여쓰기와 내어쓰기를 꼼꼼하게 사용해야 합니다.

지금까지 파이썬의 기초 문법을 알아보았습니다. 이 개념을 외우기보다는 이해하는 것이 좋습니다. 프로그래밍을 하면서 자꾸 반복하다 보면 자연스럽게 익혀질 것입니다.

프로그래밍에서 중요한 것은 전체 코드의 구조를 잘 구상하고 조건문과 반복문을 로직에서 효율적으로 구현하는 것입니다. 코드가 길어져서 관리가 힘들어지면 함수로 만들어 함수를 호출하는 구조로 작성하면 코드가 더 깔끔해집니다.

다음으로 간단한 UI를 만들고 파이썬 프로그래밍 코드의 기본 구조를 알아본 후 UI와 연결하는 방법에 대해 살펴보겠습니다. 그리고 이를 EXE 파일로 만들어 어느 플랫폼에서든 작동할 수 있는 실행 파일을 만들어보도록 하겠습니다.

UI 만들기

앞에서 **pyside2** 패키지를 설치했으면 **Qt Designer**를 사용하여 UI 디자인을 할 수 있습니다.

  C:\Python\Lib\site-packages\PySide2\designer.exe

위의 경로에서 designer.exe를 실행합니다. 해당 파일에서 마우스 오른쪽 버튼을 클릭하여 [보내기] → [바탕화면에 바로 가기 만들기]를 클릭하면 바탕화면에 바로 실행할 수 있는 아이콘이 생겨 향후 쉽게 실행할 수 있습니다.

프로그램을 실행하면 그림 2-27과 같은 화면이 나타납니다. 여기서는 Main Window 폼을 기본 폼으로 생성하겠습니다. 특별한 변경 없이 새 폼 화면에서 바로 [생성] 버튼을 클릭합니다.

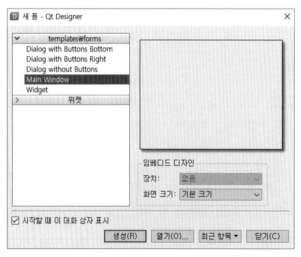

그림 2-27 **Qt Designer** 새 폼 생성

새 폼이 생성되면 그림 2-28과 같이 다양한 오브젝트를 넣을 수 있는 화면이 나타납니다.

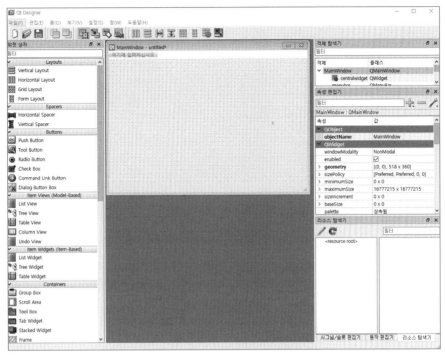

그림 2-28 **Qt Designer 기본 폼**

디자이너에서 새 폼의 사이즈를 적당한 크기로 조절하고 왼쪽 위젯 상자에서 Push Button, Label, Line Edit를 찾아 클릭 후 끌어서 MainWindow 화면에 놓으면 그림 2-29와 같은 화면이 나타납니다.

그림 2-29 **기본 MainWindow UI**

이때 MainWindow의 이름을 변경하고 싶으면 그림 2-30과 같은 속성 편집기에서
변경하면 됩니다. 여기선 TestProgram이라고 변경하겠습니다.

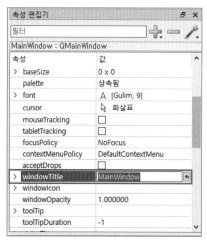

그림 2-30 **Qt Designer 속성 편집기**

그림 2-31에서 창의 제목이 MainWindow → TestProgram으로 변경된 것을 확
인할 수 있습니다. 이어서 PushButton의 이름을 변경하는 방법을 알아보겠습니다.
해당 오브젝트를 클릭하면 그림 2-31과 같이 수정 가능한 상태로 바뀝니다.

그림 2-31 **푸시 버튼의 이름 수정**

그림 2-32와 같이 TextLabel 및 PushButton의 이름을 수정하였습니다.

그림 2-32 **푸시 버튼의 이름 수정 후**

이제 이 UI 파일을 TestProgramUI.ui라는 파일명으로 프로젝트 폴더에 저장하겠습니다. [파일] → [다른 이름으로 저장]을 누르면 그림 2-33과 같은 화면이 나타납니다.

그림 2-33 **UI 화면 저장**

경로를 파이썬 프로젝트 폴더인 C:\PythonProject로 변경하고 파일 이름을 TestProgramUI로 변경해서 저장합니다.

파이썬 코드 만들기

이제 앞에서 만든 UI를 구동하기 위한 코드를 작성해보겠습니다. 그 전에 코드의 기본 구조부터 먼저 살펴보겠습니다. 코드는 크게 3개의 영역으로 이루어지며 이 기본 구조는 다른 프로그램에서도 많이 달라지지 않으므로 숙지하는 것이 좋습니다.

```python
import 패키지1,2,3…
from PyQt5.QtWidgets import *
from PyQt5 import uic
import sys
form_class = uic.loadUiType("UI 파일명.ui")[0]        ❶

class MyWindow(QMainWindow, form_class):
    def __init__(self):
        super().__init__()
        self.setupUi(self)
        프로그램이 처음 실행되었을 때 필요한 명령어...      ❷
    def 함수1,2,3...(self):
        함수 내부 명령어...

if __name__ == '__main__':
    app = QApplication(sys.argv)
    window = MyWindow()                              ❸
    window.show()
    app.exec_()
```

❶ 파이썬은 도입부에 필요한 패키지를 불러오는 import 문이 먼저 옵니다. 그다음 UI 파일을 가져오기 위한 구문이 필요합니다.

❷ 다음으로 가장 중요한 부분인 윈도우 창을 실행하기 위한 클래스를 만들고 내부에 초기화 함수 및 사용자가 임의로 만드는 각종 함수를 넣으면 됩니다.

❸ 마지막에 이 클래스를 실행하기 위한 main 구문이 나오며 이 부분은 다른 프로그램이라도 특별히 달라지는 부분은 없습니다.

코드를 작성하기 전에 디자이너에서 UI의 각 오브젝트를 알아봅니다.

디자이너의 UI에서 버튼이나 출력창 등의 오브젝트를 클릭하면 그림 2-34와 같은 객체 탐색기에 해당 부분이 선택되는데, 이것으로 lineEdit은 출력창, pushButton 은 실행 버튼임을 알 수 있습니다.

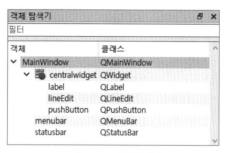

그림 2-34 **객체 탐색기**

그럼 위의 내용을 숙지한 상태에서 파이썬 코드를 작성해보겠습니다. 앞에서 설명한 대로 PyCharm 실행 화면에서 [File] → [New] → [Python file]을 차례대로 진행하면 New Python file이라는 창이 나오는데, 거기에 'TestProgram'이라는 파일명을 입력 후 엔터키를 누르면 TestProgram.py라는 파일이 만들어집니다.

1. 기본 구조

다음 코드는 단순히 UI 파일을 불러와서 실행하는 코드입니다. 실행 버튼이나 출력창에는 아직 특별한 기능을 넣지 않았습니다.

```
from PyQt5.QtWidgets import *
from PyQt5 import uic
import sys

form_class = uic.loadUiType("TestProgramUI.ui")[0]

class MyWindow(QMainWindow, form_class):
```

```python
    def __init__(self):
        super().__init__()
        self.setupUi(self)


if __name__ == '__main__':
    app = QApplication(sys.argv)
    window = MyWindow()
    window.show()
    app.exec_()
```

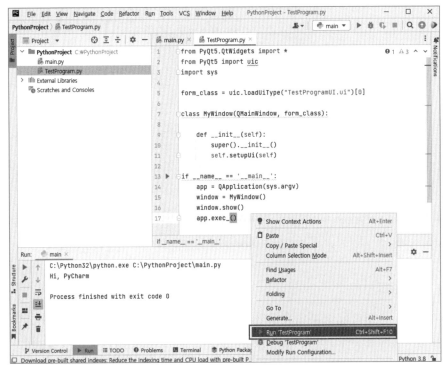

그림 2-35 **파이썬 코드 실행**

이 코드를 TestProgram.py에 붙여넣기를 합니다. 그리고 그림 2-35와 같이 코드
를 작성한 창에서 마우스 오른쪽 버튼을 클릭하여 Run을 실행하면 그림 2-36과
같이 프로그램이 실행됩니다. 특별한 기능은 없고 그냥 실행만 되는 상태입니다.

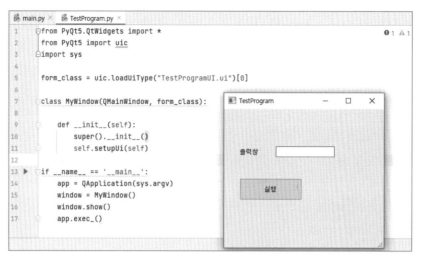

그림 2-36 **파이썬 코드 실행 후 1**

2. 기능 추가

이제 각 오브젝트의 기능을 넣을 수 있도록 코드를 추가하겠습니다.

```python
from PyQt5.QtWidgets import *
from PyQt5 import uic
import sys
form_class = uic.loadUiType("TestProgramUI.ui")[0]
class MyWindow(QMainWindow, form_class):

    def __init__(self):
        super().__init__()
        self.setupUi(self)
        self.pushButton.clicked.connect(self.printfunction)   ❶
    def printfunction(self):
        self.lineEdit.setText("안녕하세요")   ❷
if __name__ == '__main__':
    app = QApplication(sys.argv)
    window = MyWindow()
    window.show()
    app.exec_()
```

❶ 초기화 함수 내부에 pushButton 오브젝트에 연결하여 실행 버튼을 클릭하면 printfunction 함수를 실행하도록 하고 있습니다.

❷ 새로 추가된 printfunction 함수로 lineEdit 객체에 '안녕하세요'를 입력하도록 하였습니다.

이제 이와 같이 코드에 기능을 추가한 후 실행 버튼을 클릭하면 그림 2-37과 같이 출력창에 '안녕하세요'가 출력되는 것을 볼 수 있습니다.

그림 2-37 **파이썬 코드 실행 후 2**

EXE 실행 파일 만들기

이렇게 작성한 간단한 프로그램을 파이썬을 설치하지 않은 다른 컴퓨터에서도 실행이 가능하도록 **EXE 파일**을 만드는 법을 알아보겠습니다. 앞에서 **pyinstaller** 패키지를 이미 설치하였으니 다음 순서대로 따라 합니다.

01 윈도우 탐색기에서 해당 프로젝트가 있는 위치로 이동합니다. 우리는 지금까지 C:\PythonProject 경로에 작업을 하였으니 해당하는 경로로 이동합니다.

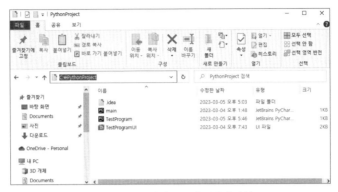

그림 2-38 **파이썬 프로젝트 폴더 위치**

02 해당 폴더에 커서를 놓고 ⎡Shift⎤+우클릭을 하면 그림 2-39와 같이 [여기에 PowerShell 창 열기]가 나타납니다. 이것을 클릭하여 PowerShell을 실행합니다.

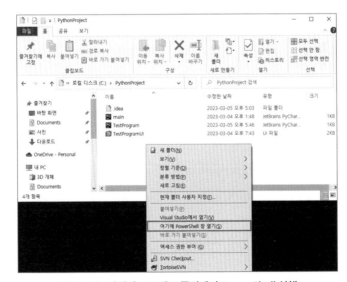

그림 2-39 **파이썬 프로젝트 폴더에서 PowerShell 실행**

03 PowerShell 화면에서 다음 명령어를 입력하고 엔터키를 눌러 실행합니다.

```
pyinstaller --onefile --noconsole TestProgram.py
```

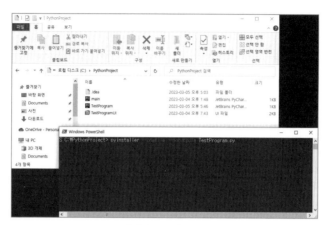

그림 2-40 파이썬 코드의 EXE 파일 만들기

실행하고 나면 그림 2-41과 같이 성공했다는 메시지와 함께 dist라는 폴더가 새로
생성됩니다.

그림 2-41 파이썬 코드의 EXE 파일 생성 결과

그림 2-42와 같이 dist 폴더에 EXE 파일이 생성된 것을 확인할 수 있습니다.

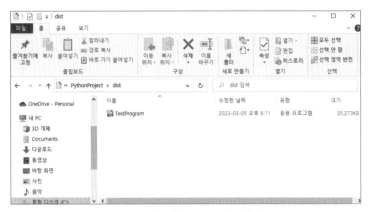

그림 2-42 **파이썬 코드 EXE 파일의 경로**

그림 2-42의 dist 폴더에서 EXE 파일을 실행하면 그림 2-43과 같은 오류가 발생하는 것을 볼 수 있는데, 이것은 UI 파일이 해당 폴더에 없기 때문입니다.

그림 2-43 **UI가 없을 때 EXE 파일을 실행한 결과**

dist 폴더에 UI 파일을 복사해서 넣어주고 실행하면 그림 2-44와 같이 문제없이
실행되는 것을 볼 수 있습니다.

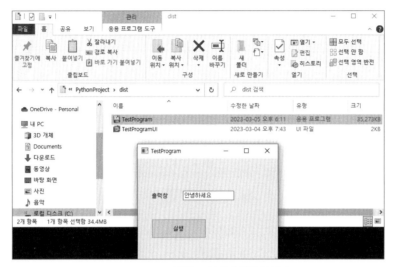

그림 2-44 **UI 파일을 포함해서 실행한 결과**

작성해둔 EXE 파일과 UI 파일을 복사하여 같은 폴더 위치에 두기만 하면 어느 플
랫폼의 컴퓨터라도 해당 파일을 문제없이 실행할 수 있습니다.

지금까지 우리는 UI를 만들고 간단한 파이썬 코드를 작성하여 이를 EXE 파일로
만들어보는 과정을 살펴보았습니다.

트레이딩에 코딩을 어떻게 사용하나요?

증권사 트레이더 하면 각종 차트를 띄워놓은 여러 대의 모니터와 바쁘게 마우스와 키보드를 클릭하면서 빠르게 거래하는 사람들을 떠올리기 쉽습니다. 이러한 이미지는 사실과 크게 다르지 않습니다. 실제로 증권사의 트레이더들은 8대가 넘는 모니터를 이용하여 시시각각 변화하는 시장에 대응하며 거래를 해나갑니다. 일분일초 단위로 바쁘게 움직이는 시장에서 대부분의 실무자들은 시장의 정보와 지금까지의 경험을 바탕으로 한 예측을 토대로 거래를 진행합니다.

그렇다면 트레이더에게 코딩 능력은 필요 없는 것일까요? 아닙니다. 오히려 최근의 경향은 코딩 능력을 갖춘 직원들을 선호한다는 것입니다. 시장을 이길 수 있는 트레이딩을 하기 위해서는 시장의 정보와 경험도 필요하지만, 자신만의 전략도 중요한 부분이기 때문입니다.

자신이 세운 전략이 시장을 이겨나갈 수 있는가를 확인하기 위해서는 데이터를 통한 검증 과정이 필요합니다. 이 검증 과정을 수행하기 위해서는 코딩을 통해 빠른 시간에 정확한 결과물을 내는 것이 필요합니다. 하나하나 손으로 모든 데이터를 확인하기에는 바쁘게 돌아가는 시장에 대응할 시간이 부족하기 때문에 코딩으로 만든 자신만의 시장분석 시스템이 꼭 필요하게 마련입니다. 또한 코딩을 할 수 있다면 자신의 전략을 트레이딩 시스템으로 구현하여 1초라도 더 빠르게 더 좋은 가격으로 거래를 할 수 있습니다.

이와 같은 장점 덕분에 최근 증권사에서 코딩 능력을 갖춘 직원들을 선호하는 추세입니다. 컴퓨터공학을 전공하거나 비전공자라 할지라도 어느 정도 코딩을 할 수 있는 직원이 과거에 비해 늘어나고 있습니다.

하지만 아직은 실무에서 코딩을 이용한 트레이딩을 할 수 있는 인력이 많지 않은 것이 사실입니다. 이 말인즉, 자신만의 전략을 가지고 있고 코딩을 통한 시스템 구축 능력이 있는 사람이라면 금융권의 문을 두드리기가 상대적으로 수월해졌음을 의미하는 것이기도 합니다.

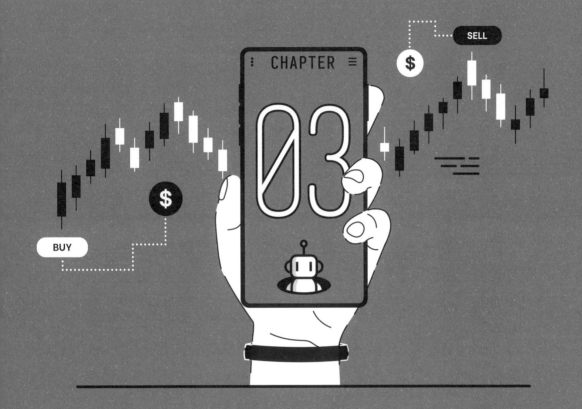

챗GPT를 활용한
금융 데이터 수집

기본적인 파이썬 프로그래밍에 대해서 알아보았으니 이제 본격적으로 챗GPT와 파이썬을 사용하여 데이터를 수집하는 프로젝트를 시작해보겠습니다. 금융 데이터는 금융 분야에서 생성, 수집하는 다양한 정보와 숫자로 이루어진 데이터입니다. 이러한 데이터는 투자자에게 중요한 정보와 인사이트를 제공할 수 있습니다. 금융 데이터는 크게 세 가지 유형으로 분류할 수 있습니다.

1. **시장 데이터**: 주식, 채권, 외환, 상품 등의 금융 상품 및 자산의 가격, 거래량, 수익률 등의 정보를 포함합니다. 시장 데이터는 주가 차트, 거래소 거래 정보, 주가지수 등의 형태로 제공되며, 시장 동향 분석과 예측, 투자 전략 구축 등에 활용합니다.

2. **기업 데이터**: 기업의 재무 상태, 손익계산서, 재무비율, 현금 흐름 등의 정보를 포함합니다. 기업 데이터는 회계 보고서, 재무제표, 공시 정보 등을 통해 수집하며, 기업의 경영 성과 평가, 투자 분석, 신용 평가 등에 활용합니다.

3. **경제 데이터**: 경제활동과 관련한 지표와 통계로 구성된 데이터입니다. GDP, 실업률, 소비자 가격지수, 금리 등의 정보를 포함하며, 경제 전반의 상황 파악, 통화 정책 수립, 경기 전망 등에 활용합니다.

금융 데이터는 데이터 분석, 통계 모델링, 머신러닝, 인공지능 등 다양한 방법으로 활용할 수 있습니다. 예를 들어, 금융 데이터를 분석하여 투자 전략을 개발하고 예측 모델을 구축할 수 있으며, 리스크 관리, 포트폴리오 최적화, 주식 가격 예측 등에 사용합니다.

여기서 우리는 챗GPT를 통해 금융 데이터 중에서 시장 데이터를 쉽게 얻는 방법을 알아볼 것입니다. 그럼 이제 본격적으로 챗GPT의 세계로 들어가보도록 하겠습니다.

챗GPT 질문법

챗GPT는 인공지능 언어 모델로, 많은 양의 데이터를 학습하여 자연어 이해와 생성 능력을 갖추고 있습니다. 따라서 챗GPT는 입력된 질문에 대한 답변을 사전에 저장해놓은 것이 아니라, 입력된 질문을 기반으로 모델이 동적으로 생성한 답변을 반환합니다. 챗GPT는 입력된 질문을 이해하고, 이를 바탕으로 이전에 학습한 문맥과 지식을 활용하여 가능한 많은 답변 중에서 가장 적절한 답변을 생성합니다. 이를 위해 모델 내부에는 수많은 가중치와 파라미터가 존재하며, 이들이 입력된 질문과 상호작용하면서 답변을 출력합니다. 따라서 챗GPT가 동일한 질문에 대해 다른 답변을 반환하는 경우가 생기는데, 그 이유는 모델이 학습한 지식과 문맥, 그리고 입력된 질문에 따라 적절한 답변을 생성하기 때문입니다. 이것이 인공지능의 매력 중 하나이며, 사용자는 다양한 시각과 관점에서 도출해낸 답변을 통해 좀 더 풍부하고 다양한 정보를 얻을 수 있습니다.

그러면 챗GPT에서 질문을 통하여 효율적인 파이썬 코드를 얻기 위해선 어떻게 해야 할까요?

1. **최대한 명확하고 구체적인 목표를 만듭니다.**

   코드를 작성하려는 목표가 모호하거나 일반적일수록 이해하기 어렵고 구현하기가 힘듭니다. 가장 먼저 작성하려는 코드가 어떤 역할을 하는지, 어떤 결과를 만들어내야 하는지 정확히 명시해야 합니다. 이는 문제를 해결하는 데 있어 중요한 첫 단계입니다. 예를 들어, '파이썬으로 데이터를 처리하고 싶습니다'라는 표현보다는 '파이썬으로 CSV 파일의 데이터를 읽어서, 특정 칼럼의 평균값을 계산하고 싶습니다'라는 명확한 목표 설정이 더 도움이 됩니다.

2. **목표를 이루기 위해 파이썬에서 사용 가능한 패키지를 인터넷 검색을 통해서 알아 봅니다**(이 책에서는 앞에서 사용할 패키지를 미리 정하고 설치하였습니다).

파이썬은 다양한 라이브러리와 패키지를 통해 많은 기능을 제공합니다. 데이터 처리를 위해 `pandas`, `numpy` 등을 사용합니다. 시각화를 위해서는 `matplotlib`, `seaborn` 등을 사용하고, 머신러닝을 위해 `sklearn` 등을 사용할 수 있습니다. 따라서 목표를 달성하기 위해 어떤 라이브러리나 패키지가 필요한지 알아보는 것이 중요합니다. 이를 위해 검색 엔진을 활용하여 해당 기능을 수행하는 라이브러리를 찾아볼 수 있습니다. 이 과정에서는 공식 문서, 블로그 게시글, 질문과 답변을 제공하는 웹사이트(예: 스택 오버플로) 등 다양한 자료를 참고하게 될 것입니다.

3. **질문에 패키지를 포함하여 구체적인 목표를 지정하도록 질문을 작성합니다.**

챗GPT를 통해서 어떤 문제를 해결하려 할 때 질문을 잘 만드는 것은 매우 중요합니다. 질문을 할 때는 현재 상황을 설명하고, 그에 따라 정확히 어떤 결과를 원하는지 명시하면 더욱 도움이 될 것입니다. 예를 들어, 'pandas를 사용해서 CSV 파일에서 평균을 계산하려고 하는데 어떻게 해야 하나요?'보다는 'pandas를 사용해서 'sample.csv' 파일의 'age' 칼럼에 있는 값들의 평균을 계산하려고 합니다. 현재 `df = pandas.read_csv('sample.csv')` 이런 식으로 데이터를 읽었는데, 이후 어떻게 진행해야 하는지 알려줄 수 있나요?'라는 질문이 더 구체적이며 도움을 얻기에 훨씬 유리합니다.

그럼 이제부터 주식 관련 데이터와 암호화폐 관련 데이터를 얻는 방법을 살펴보면서 이 부분에 대해서 배워보도록 하겠습니다.

3.2 주식 데이터 수집

퀀트 투자는 금융시장에서 데이터를 기반으로 정량적인 방법을 사용해 주식, 채권, 파생상품 등 다양한 금융 상품의 가치를 평가하고 투자 전략을 수립하는 과정입니다. 투자자들은 기존의 주관적인 판단을 최소화하고 객관적인 데이터를 활용하여 주식 가치를 판단하게 됩니다. 이러한 퀀트 투자 방식의 핵심은 바로 데이터의 수집과 분석입니다.

여기서는 주식과 관련한 데이터를 살펴볼 예정인데 데이터를 크게 다음과 같은 종류로 분류할 수 있습니다.

1. **가격 데이터**price data: 주식시장에서 거래되는 주식의 가격 데이터를 수집합니다. 여기에는 일별 주식 가격, 거래량, 고가와 저가, 거래 금액 등이 포함됩니다.

2. **재무 데이터**financial data: 주식 발행 기업의 재무 정보를 수집합니다. 여기에는 수익, 이익, 자산, 부채, 주식 수 등이 포함됩니다.

3. **실적 데이터**performance data: 주식 발행 기업의 실적 정보를 수집합니다. 여기에는 매출, 영업이익, 순이익, 주당 순이익 등이 포함됩니다.

4. **시장 데이터**market data: 주식시장의 전반적인 흐름과 관련된 데이터를 수집합니다. 여기에는 코스피, 코스닥, 다우존스 지수, 나스닥 지수 등의 지수 정보와 환율 정보, 금리 정보 등이 포함됩니다.

여기서 우리는 가격 데이터와 재무 데이터를 수집하는 방법을 알아보도록 하겠습니다.

주식 데이터 수집 목표 및 질문 구성

우선 목표를 정해봅시다. 우리는 삼성전자에 대한 1년 치 종가 데이터와 거래량 및 PER 등의 각종 펀더멘털 데이터를 가져오는 것을 목표로 삼겠습니다. 그럼 질문을 만들어볼까요.

금융지식

주식에 필요한 펀더멘털 데이터

주식에 필요한 펀더멘털 데이터는 주식 발행 기업의 재무, 실적 등의 정보를 포함합니다. 이러한 데이터를 기반으로 주식시장의 상황과 기업의 실적 등을 예측하고 투자 결정을 내릴 수 있습니다. 주요한 펀더멘털 데이터에는 다음과 같은 것들이 있습니다.

1. **BPS**(주당순자산가치)book value per share: 기업의 자본 총액을 발행 주식 수로 나눈 값으로, 한 주당 기업의 순자산 가치를 의미합니다. BPS가 높을수록 기업의 안정성이 높다고 볼 수 있습니다.

2. **EPS**(주당순이익)earnings per share: 순이익을 발행 주식 수로 나눈 값으로, 기업이 발행한 주식 한 주당 얼마의 이익을 창출했는지를 나타내는 지표입니다. EPS가 높을수록 기업의 수익성이 높다고 볼 수 있습니다.

3. **PER**(주가수익률)price earnings ratio: 주가를 주당순이익으로 나눈 값으로, 기업의 주식 가격이 주당순이익에 비해 고평가되었는지 혹은 저평가되었는지를 나타내는 지표입니다. PER가 낮을수록 기업의 가치가 높다고 판단할 수 있습니다.

4. **PBR**(주가순자산비율)price to book ratio: 주가를 BPS로 나눈 값으로, 기업의 주식 가격이 자산 가치에 비해 고평가되었는지 혹은 저평가되었는지를 나타내는 지표입니다. PBR이 낮을수록 기업의 가치가 높다고 판단할 수 있습니다.

5. **DIV**(배당수익률)dividend yield: 주가에 대한 배당금의 비율을 나타내는 지표입니다. DIV가 높을수록 주식에 대한 투자 수익률이 높다고 볼 수 있습니다.

6. **DPS**(주당배당금)dividend per share: 기업이 주주에게 지급한 배당금을 발행 주식 수로 나눈 값으로, 기업이 한 주당 얼마의 배당금을 주주에게 지급했는지를 나타내는 지표입니다.

2장에서 주식 관련 데이터 패키지인 pykrx를 설치했는데, 이제 이를 통해서 원하는 데이터들을 얻는 방법을 구하는 질문을 구성해보겠습니다.

그림 3-1 챗GPT로 삼성전자 데이터를 불러오는 코드 요청

 파이썬의 pykrx 모듈을 활용하여 삼성전자의 OHLCV(시가, 고가, 저가, 종가, 거래량)와 펀더멘털 지표(BPS, PER, PBR, EPS, DIV, DPS)에 대한 1년 동안의 데이터를 병합하여 CSV 파일로 만들 수 있는 코드를 만들어주세요.

GPT-4

먼저 pykrx 모듈과 필요한 다른 라이브러리들을 설치해야 합니다. 터미널에서 다음 명령을 실행하세요.

```
pip install pykrx pandas
```

이제 다음 코드를 실행하여 삼성전자의 1년간의 OHLCV 및 펀더멘털 지표 데이터를 병합하여 CSV 파일로 저장할 수 있습니다. 코드를 실행하기 전에 시작 날짜와 종료 날짜를 지정해주세요.

```python
import pandas as pd
from pykrx import stock
from datetime import datetime, timedelta

start_date = '2022-04-16'  # 시작 날짜 지정
end_date = '2023-04-16'    # 종료 날짜 지정

# 삼성전자 종목 코드
stock_code = "005930"

# 데이터 불러오기
ohlcv_df = stock.get_market_ohlcv_by_date(start_date, end_date,
stock_code)
fundamental_df = stock.get_market_fundamental_by_date(start_date,
end_date, stock_code)

# 병합된 데이터 프레임 생성
merged_df = pd.concat([ohlcv_df, fundamental_df], axis=1)

# 결과 확인
print(merged_df.head())

# 결과를 CSV 파일로 저장
merged_df.to_csv("samsung_ohlcv_fundamental.csv")
```

위 코드는 시작 날짜와 종료 날짜 사이의 삼성전자의 OHLCV와 펀더멘털 지표를 병합한 데이터 프레임을 생성하고 이를 'samsung_ohlcv_fundamental. csv'라는 이름의 CSV 파일로 저장합니다.

여기서 **OHLCV**는 시가open, 고가high, 저가low, 종가close, 거래량volume의 영어 약자입니다. 주식 데이터에서는 약자로 많이 사용합니다. 그리고 **CSV**Comma-Separated Values는 텍스트 파일 형식 중 하나로, 데이터를 쉽게 저장하고 공유하기 위해 많이 사용됩니다. CSV 파일은 각 라인(행)이 레코드record이며, 레코드는 쉼표(,) 또는 세미콜론(;), 탭(\t) 등으로 구분된 필드field로 구성됩니다. 필드에는 데이터의 값이 저장되며, 각 레코드는 개행 문자로 구분됩니다.

CSV 파일은 일반적으로 엑셀, 구글 시트, 데이터베이스 등에서 데이터를 추출할 때 많이 사용합니다. CSV 파일 형식은 텍스트 기반으로 저장되어 있기 때문에 다양한 소프트웨어에서 쉽게 읽을 수 있습니다. 또한, 각 필드가 쉼표 등으로 구분되어 있어서 파싱parsing이 쉽고 데이터 분석에 용이합니다. CSV 파일은 대용량 데이터도 처리할 수 있을 뿐 아니라 간단하고 직관적인 형식으로 데이터를 저장하므로 데이터 과학, 빅데이터 등 다양한 분야에서 널리 사용하고 있습니다. 또한, CSV 파일은 편집기를 이용하여 쉽게 수정하고 저장할 수 있으며, 여러 파일을 쉽게 합치거나 분리하는 것도 가능합니다.

다음은 챗GPT가 작성한 전체 코드입니다. 이제 PyCharm을 실행하고 다음 코드를 복사하여 전 챕터에서 사용하였던 main.py에 덮어씌우기를 하면 됩니다.

```python
import pandas as pd
from pykrx import stock
from datetime import datetime, timedelta

start_date = '2022-04-16'  # 시작 날짜 지정
end_date = '2023-04-16'    # 종료 날짜 지정

# 삼성전자 종목 코드
stock_code = "005930"

# 데이터 불러오기
ohlcv_df = stock.get_market_ohlcv_by_date(start_date, end_date, stock_code)
fundamental_df = stock.get_market_fundamental_by_date(start_date, end_date,
stock_code)
```

```
# 병합된 데이터 프레임 생성
merged_df = pd.concat([ohlcv_df, fundamental_df], axis=1)

# 결과 확인
print(merged_df.head())

# 결과를 CSV 파일로 저장
merged_df.to_csv("samsung_ohlcv_fundamental.csv")
```

이 코드를 실행해보겠습니다. 앞에서 설명한 것과 마찬가지로 main.py의 코드가
있는 편집창에서 마우스 오른쪽 버튼을 클릭하면 [Run 'main']이 나올 텐데 이것
을 클릭하여 실행해봅니다.

그림 3-2 **파이썬 코드 실행 결과**

그림 3-2와 같이 문제없이 실행이 잘 이루어지고 CSV 파일도 생성되었습니다. 해당 CSV 파일을 엑셀로 열어보니 그림 3-3과 같이 칼럼명 부분이 깨져서 나옵니다. 챗GPT를 이용해 이러한 오류를 수정해보겠습니다.

	A	B	C	D	E	F	G	H	I	J	K	L	M	N
1	?쫘뤈	?웡?	矯즐?	?娑	黝낄?	嬲걪옐??붒PER		PBR	EPS	DIV	DPS			
2	2022-04-18	66500	67100	66100	66700	10119203	6.75E+11	0.15	39406	17.37	1.69	3841	4.49	2994
3	2022-04-19	67100	68000	67000	67300	12959434	8.76E+11	0.9	39406	17.52	1.71	3841	4.45	2994
4	2022-04-20	67000	67400	66500	67400	16693293	1.12E+12	0.15	39406	17.55	1.71	3841	4.44	2994
5	2022-04-21	67600	68300	67500	67700	12847448	8.73E+11	0.45	39406	17.63	1.72	3841	4.42	2994
6	2022-04-22	67200	67300	66700	66700	11791478	7.89E+11	-1.03	39406	17.44	1.7	3841	4.47	2994
7	2022-04-25	66500	66700	66300	66300	11016474	7.32E+11	-1.04	39406	17.26	1.68	3841	4.52	2994

그림 3-3 **칼럼명에 오류가 생긴 결과**

챗GPT 답변의 오류 수정

위와 같은 답변 오류를 수정하기 위해 챗GPT에 '칼럼명이 깨져서 나오는데 수정해주세요'라고 질문을 해보았습니다.

 칼럼명이 깨져서 나오는데 수정해주세요.

GPT-3.5

죄송합니다. 한글 칼럼명이 깨지는 문제를 해결하기 위해 다음과 같이 코드를 수정하였습니다.

```python
import pandas as pd
from pykrx import stock
from datetime import datetime, timedelta

start_date = '2022-04-16'    # 시작 날짜 지정
end_date = '2023-04-16'      # 종료 날짜 지정

# 삼성전자 종목 코드
stock_code = "005930"

# 데이터 불러오기
```

```
ohlcv_df = stock.get_market_ohlcv_by_date(start_date, end_date,
stock_code)
fundamental_df = stock.get_market_fundamental_by_date(start_date,
end_date, stock_code)

# 칼럼명 변경 (한글 -> 영어)
ohlcv_df.columns = ['Open', 'High', 'Low', 'Close', 'Volume',
'Amount']
fundamental_df.columns = ['BPS', 'PER', 'PBR', 'EPS', 'DIV',
'DPS']

# 병합된 데이터 프레임 생성
merged_df = pd.concat([ohlcv_df, fundamental_df], axis=1)

# 결과 확인
print(merged_df.head())

# 결과를 CSV 파일로 저장(인코딩 설정 추가)
merged_df.to_csv("samsung_ohlcv_fundamental.csv",
encoding='utf-8-sig')
```

위 코드는 한글 칼럼명을 영어로 변경하고, CSV 파일로 저장할 때 인코딩을 'utf-8-sig'로 설정하여 깨짐 현상을 해결합니다. 이제 CSV 파일의 칼럼명이 정상적으로 표시되어야 합니다.

죄송하다는 메시지와 함께 코드를 수정해줍니다. 수정 코드를 실행해보니 이번엔 그림 3-4와 같은 오류가 뜹니다.

그림 3-4 **수정 코드 재실행 결과**

Run 창에서 빨간색으로 뱉어낸 오류를 챗GPT에게 그대로 붙여서 질문해보겠습니다.

```
Traceback (most recent call last):
  File "C:\PythonProject\main.py", line 16, in <module>
    ohlcv_df.columns = ['Open', 'High', 'Low', 'Close', 'Volume',
'Amount']
  File "C:\Python\lib\site-packages\pandas\core\generic.py",
line 5915, in __setattr__
    return object.__setattr__(self, name, value)
  File "pandas\_libs\properties.pyx", line 69,
in pandas._libs.properties.AxisProperty.__set__
  File "C:\Python\lib\site-packages\pandas\core\generic.py",
line 823, in _set_axis
    self._mgr.set_axis(axis, labels)
  File "C:\Python\lib\site-packages\pandas\core\internals\managers.
py", line 230, in set_axis
    self._validate_set_axis(axis, new_labels)
  File "C:\Python\lib\site-packages\pandas\core\internals\base.py",
line 70, in _validate_set_axis
    raise ValueError(
ValueError: Length mismatch: Expected axis has 7 elements,
new values have 6 elements
```

GPT-3.5

죄송합니다. 제가 OHLCV 데이터에 대한 칼럼명을 잘못 기재하였습니다. 실제로 OHLCV 데이터에는 7개의 칼럼이 있습니다. 코드를 수정하였습니다.

```python
import pandas as pd
from pykrx import stock
from datetime import datetime, timedelta

start_date = '2022-04-16'  # 시작 날짜 지정
end_date = '2023-04-16'    # 종료 날짜 지정

# 삼성전자 종목 코드
stock_code = "005930"

# 데이터 불러오기
ohlcv_df = stock.get_market_ohlcv_by_date(start_date, end_date,
stock_code)
```

```
fundamental_df = stock.get_market_fundamental_by_date(start_date,
end_date, stock_code)

# 칼럼명 변경 (한글 -> 영어)
ohlcv_df.columns = ['Open', 'High', 'Low', 'Close', 'Volume',
'Amount', 'Change']
fundamental_df.columns = ['BPS', 'PER', 'PBR', 'EPS', 'DIV',
'DPS']

# 병합된 데이터 프레임 생성
merged_df = pd.concat([ohlcv_df, fundamental_df], axis=1)

# 결과 확인
print(merged_df.head())

# 결과를 CSV 파일로 저장 (인코딩 설정 추가)
merged_df.to_csv("samsung_ohlcv_fundamental.csv",
encoding='utf-8-sig')
```

위 코드는 한글 칼럼명을 영어로 변경하고, CSV 파일로 저장할 때 인코딩을 'utf-8-sig'로 설정하여 깨짐 현상을 해결합니다. 이제 CSV 파일의 칼럼명이 정상적으로 표시되어야 합니다.

수정된 최종 코드입니다.

```
import pandas as pd
from pykrx import stock
from datetime import datetime, timedelta

start_date = '2022-04-16'    # 시작 날짜 지정
end_date = '2023-04-16'      # 종료 날짜 지정

# 삼성전자 종목 코드
stock_code = "005930"

# 데이터 불러오기
ohlcv_df = stock.get_market_ohlcv_by_date(start_date, end_date, stock_code)
```

```
fundamental_df = stock.get_market_fundamental_by_date(start_date, end_date,
stock_code)

# 칼럼명 변경 (한글 -> 영어)
ohlcv_df.columns = ['Open', 'High', 'Low', 'Close', 'Volume', 'Amount', 'Change']
fundamental_df.columns = ['BPS', 'PER', 'PBR', 'EPS', 'DIV', 'DPS']

# 병합된 데이터 프레임 생성
merged_df = pd.concat([ohlcv_df, fundamental_df], axis=1)

# 결과 확인
print(merged_df.head())

# 결과를 CSV 파일로 저장 (인코딩 설정 추가)
merged_df.to_csv("samsung_ohlcv_fundamental.csv", encoding='utf-8-sig')
```

최종 수정된 답변으로부터 데이터 확인

이 코드를 실행하고 CSV 파일을 열어보면 데이터가 제대로 들어간 것을 알 수 있습니다.

	A	B	C	D	E	F	G	H	I	J	K	L	M	N
1	날짜	Open	High	Low	Close	Volume	Amount	Change	BPS	PER	PBR	EPS	DIV	DPS
2	2022-04-18	66500	67100	66100	66700	10119203	6.7531E+11	0.15	39406	17.37	1.69	3841	4.49	2994
3	2022-04-19	67100	68000	67000	67300	12959434	8.76088E+11	0.9	39406	17.52	1.71	3841	4.45	2994
4	2022-04-20	67000	67400	66500	67400	16693293	1.11616E+12	0.15	39406	17.55	1.71	3841	4.44	2994
5	2022-04-21	67600	68300	67500	67700	12847448	8.72983E+11	0.45	39406	17.63	1.72	3841	4.42	2994
6	2022-04-22	67200	67300	66700	67000	11791478	7.89392E+11	-1.03	39406	17.44	1.7	3841	4.47	2994
7	2022-04-25	66500	66700	66300	66300	11016474	7.31676E+11	-1.04	39406	17.26	1.68	3841	4.52	2994

그림 3-5 CSV 파일 실행 화면

이제 삼성전자의 데이터를 정리한 CSV가 제대로 생성되는 것을 확인할 수 있습니다. 제가 이 과정을 일일이 설명한 것은 챗GPT의 강력한 디버깅(오류 수정) 기능을 보여드리기 위함입니다.

디버깅이란?

디버깅(debugging)은 소프트웨어 개발 과정에서 발생하는 버그(bug)를 찾아내고 수정하는 과정을 의미합니다. 버그란 프로그램에서 예상치 못한 오류가 발생하는 것을 의미하며, 이러한 오류는 프로그램 실행을 방해하거나 원하는 결과를 얻지 못하게 할 수 있습니다.

디버깅 과정은 소프트웨어 개발자가 소스 코드를 분석하고, 프로그램의 실행 과정을 추적하며, 버그가 발생한 원인을 찾아내고 수정하는 과정을 말합니다. 디버깅을 위해 많은 통합 개발 환경에서는 디버깅 도구를 제공하며, 이를 이용하면 소스 코드를 실행하면서 각 변수나 함수의 값과 실행 경로 등을 추적하면서 디버깅할 수 있습니다.

디버깅은 소프트웨어 개발 과정에서 매우 중요한 과정이며, 효과적인 디버깅을 통해 소프트웨어의 품질을 향상시키고 개발 속도를 높일 수 있습니다. 또한, 디버깅을 통해 발생한 버그를 해결하면서 더 나은 소프트웨어를 개발할 수 있습니다.

이제 우리는 원하는 것을 챗GPT에게 물어볼 수 있습니다. 만약 그 코드가 제대로 실행되지 않으면 오류 내역의 질문을 통해 오류의 해결법까지 챗GPT에게 구할 수 있습니다.

 3.3 암호화폐 데이터 수집

암호화폐cryptocurrency란 블록체인 기술을 기반으로 하는 디지털 화폐를 의미합니다. 블록체인은 탈중앙화 시스템으로, 중앙에서 관리하는 기존의 금융 시스템과는 달리 P2P 네트워크를 통해 관리가 이루어집니다. 암호화폐는 이러한 블록체인 기술을 이용하여 발행되며, 중앙 관리 기관 없이 전자적으로 채굴하거나 거래가 이루어집니다.

암호화폐와 주식의 가장 큰 차이점은 거래의 대상이 다르다는 것입니다. 주식은 기업의 소유권을 나타내는 것으로, 기업의 성장성과 수익성을 기반으로 주가가 결정됩니다. 반면 암호화폐는 디지털 자산으로 그 가치는 시장의 수요와 공급에 따라 결정됩니다. 따라서 주식과 다르게 펀더멘털을 측정할 수 있는 데이터는 현재 찾기 힘듭니다.

따라서 암호화폐를 분석하기 위한 데이터는 다음과 같이 가격과 거래량, 마켓캡 데이터 정도로 나누어집니다.

1. **가격 데이터**: 암호화폐의 시장 가격을 의미합니다. 가격 데이터는 해당 암호화폐의 시간대별 가격, 평균 가격 등을 포함할 수 있습니다.
2. **거래량 데이터**: 암호화폐의 거래량은 해당 암호화폐에 대한 투자 신호를 제공할 수 있는 지표 중 하나입니다. 거래량 데이터는 암호화폐의 일일 거래량, 거래 금액 등을 포함할 수 있습니다.
3. **마켓캡 데이터**: 암호화폐의 시가총액은 해당 암호화폐의 가치를 평가하는 데 중요한 지표 중 하나입니다. 마켓캡 데이터는 암호화폐의 현재 시가총액, 시가총액 순위 등을 포함할 수 있습니다.

여기서는 암호화폐의 가격과 거래량 데이터를 챗GPT로 쉽게 수집하는 방법을 알아보겠습니다.

암호화폐 데이터 수집 목표 및 질문 구성

앞에서와 비슷하게 암호화폐에 대한 1년 치 종가 데이터와 거래량을 가져오는 것을 목표로 삼겠습니다. 암호화폐는 펀더멘털 데이터가 없으므로 생략합니다.

파이썬의 ccxt 모듈을 활용하여 비트코인의 OHLCV(시가, 고가, 저가, 종가, 거래량)에 대한 1년 동안의 데이터를 CSV 파일로 만들 수 있는 코드를 만들어주세요.

GPT-3.5

먼저, ccxt 모듈을 설치해야 합니다. 파이썬 셸에서 다음 명령어를 입력하여 설치할 수 있습니다.

```
!pip install ccxt
```

그리고 다음과 같이 코드를 작성하여 OHLCV 데이터를 가져와 CSV 파일로 저장할 수 있습니다.

```python
import ccxt
import pandas as pd
import time

# 1년 전 timestamp 계산
from_timestamp = time.time() - 31536000  # 1 year in seconds

# 코인 거래소 설정
exchange = ccxt.binance()

# 코인 설정
symbol = 'BTC/USDT'

# OHLCV 데이터 가져오기
ohlcv = exchange.fetch_ohlcv(symbol, '1d', int(from_timestamp
* 1000))

# 데이터 프레임으로 변환
df = pd.DataFrame(ohlcv, columns=['timestamp', 'open', 'high',
'low', 'close', 'volume'])

# timestamp를 시간 형식으로 변환
df['timestamp'] = pd.to_datetime(df['timestamp'], unit='ms')

# 등락률 계산
df['change'] = (df['close'] - df['open']) / df['open']
```

```
# CSV 파일로 저장
df.to_csv('BTC_USDT_1year.csv', index=False)
```

위 코드는 바이낸스(Binance) 거래소에서 BTC/USDT 코인의 1일 봉 데이터를
1년 치 가져와서 데이터 프레임으로 변환하고, 타임스탬프를 시간 형식으로 변
환하며, 등락률을 계산한 후, CSV 파일로 저장하는 코드입니다. 변경할 코인이나
거래소가 있다면, 적절히 수정하여 사용하면 됩니다.

아래는 챗GPT로부터 나온 코드입니다.

```
import ccxt
import pandas as pd
import time

# 1년 전 timestamp 계산
from_timestamp = time.time() - 31536000  # 1 year in seconds

# 코인 거래소 설정
exchange = ccxt.binance()

# 코인 설정
symbol = 'BTC/USDT'

# OHLCV 데이터 가져오기
ohlcv = exchange.fetch_ohlcv(symbol, '1d', int(from_timestamp * 1000))

# 데이터 프레임으로 변환
df = pd.DataFrame(ohlcv, columns=['timestamp', 'open', 'high', 'low', 'close',
'volume'])

# timestamp를 시간 형식으로 변환
df['timestamp'] = pd.to_datetime(df['timestamp'], unit='ms')
# 등락률 계산
df['change'] = (df['close'] - df['open']) / df['open']

# CSV 파일로 저장
df.to_csv('BTC_USDT_1year.csv', index=False)
```

이 답변을 통해 데이터를 확인해보겠습니다.

챗GPT 답변으로부터 최종 데이터 확인

이 코드를 실행하고 CSV 파일을 열어보면 다음과 같이 데이터가 제대로 들어간 것을 확인할 수 있습니다.

	A	B	C	D	E	F	G
1	timestamp	open	high	low	close	volume	change
2	2022-04-16	40551.9	40709.35	39991.55	40378.71	15805.44718	-0.004270823
3	2022-04-17	40378.7	40595.67	39546.17	39678.12	19988.49259	-0.017350237
4	2022-04-18	39678.11	41116.73	38536.51	40801.13	54243.49575	0.028303263
5	2022-04-19	40801.13	41760	40571	41493.18	35788.85843	0.01696154
6	2022-04-20	41493.19	42199	40820	41358.19	40877.35041	-0.003253546
7	2022-04-21	41358.19	42976	39751	40480.01	59316.27657	-0.021233521

그림 3-6 **CSV 파일 실행 화면**

지금까지 우리는 맛보기로 챗GPT를 이용하여 다양한 자산의 데이터를 어떻게 쉽게 구할 수 있는지 확인해보았습니다.

다음 장부터 전문가의 영역이라고 생각해왔던, AI 기술을 통한 금융 데이터 분석 방법을 챗GPT를 통해 어떻게 쉽게 구현할 수 있는지 본격적으로 알아보겠습니다.

트레이더에게 어느 정도의 코딩 능력이 필요한가요?

현업에서 많이 다루는 코딩 언어는 계속 변화해왔습니다. 컴퓨터공학 전공자인 저는 C언어도 다룰 줄 알지만, 최근의 경향은 어려운 C언어보다는 파이썬을 많이 사용하는 추세로 바뀌고 있습니다.

물론 각 언어별로 장단점이 있습니다. C언어를 사용한 시스템은 속도는 빠르지만 어려운 만큼 시스템을 구축하는 데 시간이 많이 걸립니다. 파이썬은 비교적 다루기 쉬운 언어로 시스템을 구축하는 시간을 단축할 수 있으나, C언어로 만든 시스템보다는 처리 속도가 상대적으로 느린 편입니다.

각 언어가 가진 장단점을 보완하기 위해 빠른 속도가 요구되는 시스템은 C언어로, 그렇지 않은 시스템은 파이썬을 이용하여 시스템을 갖추어가고 있습니다. 따라서 금융권 진입에 관심이 있는 비전공자라면 파이썬을 능숙하게 다룰 능력을 갖추는 것만으로도 경쟁력이 있을 것입니다.

또한, 어떤 코딩 언어를 다루든지 엑셀 VBA(Visual Basic for Applications)를 다루는 능력을 함께 갖추어나가는 게 현업에서는 상당한 도움이 된다는 점도 강조하고 싶습니다. 최근에는 금융권뿐만 아니라 타 산업군에서도 엑셀 VBA를 이용한 업무 능력을 평가하는 점을 고려한다면, 엑셀 VBA의 중요성을 강조해도 지나침이 없을 것 같습니다.

그렇다면 엑셀 VBA, 파이썬도 다루고 더 나아가 C언어까지 다루면 트레이더가 될 수 있는 것일까요? IT 능력만 출중하다면 IT 개발자가 되는 것이 성공의 지름길이 될 것입니다. 실력 있는 트레이더가 되고자 한다면 다양한 금융 상품에 대한 지식을 바탕으로 자신의 전략을 갖추고 그 위에 코딩 능력을 얹어 자신만의 무기를 키워나가는 것이 필요합니다. 금융권이든 그 어디서든, 코딩이라는 것은 자신의 생각을 펼치기 위한 도구로서의 역할을 하는 것이라는 점을 잊지 않기를 바랍니다.

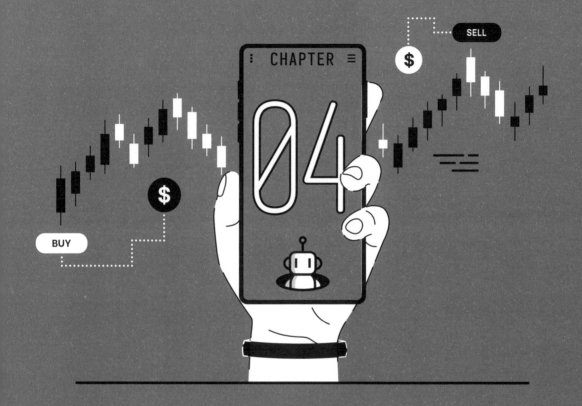

CHAPTER 04

챗GPT를 활용한
금융 데이터 분석

금융 데이터 분석은 많은 기업과 금융기관에서 여러 중요한 역할을 수행하는데, 그 중에서도 패턴 발견과 예측 모델은 가장 핵심적인 부분이라고 할 수 있습니다.

1. **패턴 발견**: 금융 데이터 분석은 수많은 데이터를 분석하여 특정한 패턴이나 행동 양식을 발견하는 데 도움을 줍니다. 예를 들어, 주가 데이터를 분석하여 시장의 특정한 경향성, 주가 변동 패턴, 투자자들의 행동 양식 등을 파악할 수 있습니다. 이를 통해 특정한 패턴이나 행동의 원인을 이해하고, 이를 기반으로 투자 전략을 조정하거나 리스크를 관리할 수 있습니다.

2. **예측 모델**: 금융 데이터 분석은 수학적 모델과 알고리즘을 활용하여 향후 발생할 수 있는 금융 상황을 예측합니다. 예측 모델은 과거의 데이터를 기반으로 향후 트렌드를 예측하거나 특정한 사건이나 상황이 흘러가는 방향을 예측합니다. 예를 들어 경제지표, 금리, 기업 재무 정보 등을 분석하여 향후 경기 전망이나 기업의 실적 등을 예측할 수 있습니다. 이를 통해 기관은 효율적인 투자 전략을 구축하고 리스크를 최소화하는 방안을 모색합니다.

예측 모델을 실현하기 위해서는 데이터 분석 기술에 대한 이해와 고수준의 기술력이 필요합니다. 하지만 최근 챗GPT와 같은 인공지능 기술의 발전 덕분에 전문적인 지식이 없더라도 AI를 활용한 데이터 분석 관련 기술을 쉽게 얻을 수 있는 환경이 도래했습니다. 이러한 기술은 대규모의 금융 데이터에서 패턴을 찾아내고 예측하는 능력을 가지고 있으며, 이를 잘 활용하면 투자 전략을 최적화하거나 금융 거래의 효율성을 개선하는 등 다양한 효과를 얻을 수 있습니다.

AI 분석 관련 코드를 쉽게 얻을 수 있는 환경에서는 인공지능 기술을 더욱 쉽게 활용할 수 있습니다. 개발자나 데이터 분석가가 아니더라도, 인공지능 기술을 활용하여 금융 데이터를 분석할 수 있는 길이 열린 셈입니다.

4.1 텐서플로란?

텐서플로TensorFlow는 구글이 개발한 오픈소스 머신러닝 프레임워크입니다. 딥러닝 및 머신러닝 모델을 구축하고 학습시키기 위한 강력한 도구로, 다양한 언어를 지원하고 분산 컴퓨팅 및 클라우드 기능을 제공합니다. 유연하고 확장 가능한 구조를 갖추고 있는 텐서플로는 개발자들이 다양한 머신러닝 모델을 구축하고 최적화할 수 있는 환경을 제공합니다. 텐서플로는 이미지 인식, 자연어 처리, 음성 인식 등 다양한 분야에 활용할 수 있습니다. 텐서플로는 매우 인기 있는 머신러닝 프레임워크 중 하나이며, 커뮤니티의 운영이 매우 활발합니다. 따라서 텐서플로를 사용하는 개발자들은 커뮤니티에서 다른 개발자들과 지식을 공유하고, 머신러닝 모델을 개발하고 향상시키는 데 많은 도움을 받을 수 있습니다.

금융 데이터에서 텐서플로를 사용하는 방법은 다양합니다. 텐서플로를 사용하여 다음과 같은 작업을 수행할 수 있습니다.

- **예측 모델링**: 금융 데이터의 패턴을 학습하여 미래 값을 예측하는 모델을 만들 수 있습니다. 예를 들어 주가 예측 모델, 신용 리스크 모델, 보험 청구 예측 모델 등이 있습니다.

- **트레이딩 자동화 시스템**: 금융 데이터를 분석하고 자동으로 트레이딩 결정을 내릴 수 있는 시스템을 구축할 수 있습니다.

- **자연어 처리**: 금융 뉴스 및 기사를 자동으로 분류하거나 금융 분석 보고서를 자동으로 작성하는 등의 작업을 수행할 수 있습니다.

- **데이터 마이닝**: 대량의 금융 데이터에서 의미 있는 정보를 추출하고 패턴을 발견하는 등의 작업을 수행할 수 있습니다.

- **이미지 및 비디오 처리**: 금융 관련 이미지 및 비디오 데이터를 분석하고, 이를 활용한 예측 모델을 만들 수 있습니다.

텐서플로를 사용하여 머신러닝 모델을 개발하려면 데이터를 로드하고 전처리하는 작업이 필요하며, 이후에 모델을 정의하고 학습시켜야 합니다.

이제부터 이 텐서플로를 활용하여 앞에서 얻은 주식과 암호화폐 데이터 분석에 들어가봅니다. 여기서는 먼저 기본적인 데이터 분석을 한 후에 텐서플로를 통해 예측 모델링을 하는 부분을 살펴보도록 하겠습니다.

4.2 기초 데이터 분석

3장에서 사용한 암호화폐에 특화된 **ccxt** 모듈을 사용해서 간단한 데이터 분석을 해보겠습니다. 대표적 암호화폐인 비트코인과 이더리움의 1년 종가 데이터를 구하고 이를 통해서 상관계수를 구해봅니다. 또한, 비트코인의 변동성에 대한 데이터를 구하고 이를 시각화하는 등의 흥미로운 데이터 분석도 곁들여 알아보겠습니다. 먼저 상관계수와 변동성의 개념부터 짚어보도록 합니다.

상관계수

상관계수correlation는 두 변수 간의 상관관계를 나타내는 것을 말합니다. 두 변수 간의 관계를 파악하는 것은 데이터 분석에서 중요한 부분 중 하나이며, 상관관계를 이용하여 두 변수가 서로 연관되어 있는지, 그리고 그 연관성의 정도를 파악할 수 있습니다. 상관관계는 두 변수 사이의 관련성을 설명하는 데 사용되는 통계적 지표입니다. 상관관계는 두 변수 사이의 양의 상관관계, 음의 상관관계, 또는 상관관계가 없는 경우로 분류됩니다. 양의 상관관계는 두 변수가 함께 증가하거나 함께 감소하는 경향이 있으며, 음의 상관관계는 두 변수 중 하나가 증가하면 다른 변수가 감소하는 경향이 있습니다. 상관관계가 없는 경우는 두 변수 사이에 아무런 관련성이 없는 것을 의미합니다.

상관관계는 주로 상관계수coefficient of correlation라는 지표를 사용하여 측정됩니다. 상관계수는 -1에서 1 사이의 값으로 나타내며, 두 변수 간의 상관관계의 강도와 방향을 나타냅니다. 1에 가까울수록 양의 상관관계가 강하고, -1에 가까울수록 음의 상관관계가 강하며, 0에 가까울수록 상관관계가 없다는 것을 의미합니다.

변동성

변동성volatility이란 주가나 환율 등의 가격이 시간에 따라 어느 정도로 불안정하게 움직이는지를 나타내는 지표입니다. 즉, 변동성이 높을수록 가격이 매우 불안정하게 움직이며, 변동성이 낮을수록 가격이 안정적이라는 것을 의미합니다. 주식시장에서는 변동성이 높은 종목은 가격이 급등하거나 급락할 가능성이 높기 때문에 고위험 고수익 종목으로 분류됩니다. 또한 변동성은 옵션 가격을 측정하는 데에도 사용합니다. 변동성이 높은 종목의 옵션 가격은 더 높게 형성되므로 변동성이 높은 종목의 옵션은 높은 프리미엄을 가지게 됩니다. 환율 시장에서도 변동성이 중요한 역할을 합니다. 변동성이 높은 환율은 수출입 기업이나 외국인 투자자들에게는 큰 위험을 내포하며, 정부나 중앙은행이 환율 변동성을 낮추기 위해 정책적 개입을 할 수도 있습니다. 변동성은 일반적으로 표준편차나 베타계수와 같은 통계적인 지표를 사용하여 측정합니다. 변동성이 높은 자산은 투자 위험성이 높은 편이므로 투자자는 자산의 변동성을 고려하여 투자 결정을 내리는 것이 중요합니다.

일반적으로 쓰이는 변동성값에는 내재 변동성과 역사적 변동성이 있는데, 여기서는 계산하기 비교적 수월한 역사적 변동성값을 살펴보도록 하겠습니다. 역사적 변동성은 내재 변동성과는 달리 과거 가격 움직임을 기반으로 하기 때문에 이미 일어난 사건에 대한 정보만을 반영하고 있습니다. 따라서 역사적 변동성은 미래의 주가 움직임을 예측하는 데는 제한적이지만, 과거의 주가 움직임을 기반으로 한 투자 전략을 세우는 데에는 유용합니다. 일반적으로 특정 기간 동안의 가격 움직임에 대한 표준편차를 계산하여 역사적 변동성을 측정합니다. 예를 들어, 일정 기간 동안의 일일 주가 변동성을 계산하려면, 해당 기간 동안의 주가 움직임을 모두 더한 후 평균값을 구하여 이를 기준으로 표준편차를 계산합니다.

역사적 변동성은 투자자들이 과거의 주가 움직임을 분석하여, 향후 가격 움직임에 대한 예측을 수행하는 데 효과적입니다. 또한, 투자 리스크를 측정하는 데 활용할 수 있습니다.

내재 변동성과 역사적 변동성이란?

1. **내재 변동성(implied volatility)**

   내재 변동성은 옵션 가격에 반영된 기대되는 자산의 미래 변동성을 나타냅니다. 다르게 말하면 시장 참가자들이 해당 자산의 미래 변동성을 어떻게 예상하고 있는지를 나타내는 지표입니다. 내재 변동성은 옵션 가격 모델(예: 블랙-숄즈 모형)을 통해 계산이 이루어지며, 해당 자산의 미래 가격 변동을 예측하는 데 활용합니다. 내재 변동성이 높다는 것은 시장 참가자들이 해당 자산의 가격이 크게 움직일 것이라고 예상한다는 것을 의미합니다. 반대로, 내재 변동성이 낮다는 것은 해당 자산의 가격이 상대적으로 안정적일 것으로 예상한다는 것을 의미합니다.

2. **역사적 변동성(historical volatility)**

   역사적 변동성은 과거의 자산 가격 데이터를 바탕으로 측정한 자산의 실제 변동성을 나타냅니다. 즉, 역사적 변동성은 과거에 자산의 가격이 얼마나 변동했는지를 나타내는 지표입니다. 일반적으로 과거 일정 기간 동안의 가격 변동을 표준편차로 역사적 변동성을 계산합니다. 역사적 변동성은 과거 데이터를 바탕으로 하므로, 미래 가격 변동을 직접적으로 예측하는 데 사용되지는 않습니다. 그러나 과거의 변동성 패턴을 분석함으로써 미래의 변동성에 대한 통찰력을 얻을 수 있습니다.

이 두 가지 변동성은 서로 다르게 해석되며, 특정 자산에 대한 변동성 전망을 얻기 위해 함께 사용할 수도 있습니다. 또한, 내재 변동성과 역사적 변동성 사이의 차이는 시장 참가자들의 기대와 실제 자산 가격의 변동 사이의 차이를 나타낼 수 있으므로, 이를 통해 시장의 과열 여부 등을 판단하는 데 유용합니다.

역사적 변동성을 계산하는 식은 다음과 같습니다. 먼저 분석하고자 하는 기간의 가격 데이터를 수집합니다. 예를 들어, 30일간의 주식 가격 데이터를 수집합니다. 해당 기간의 일일 수익률을 계산합니다. 일일 수익률을 계산하는 방법은 다음과 같습니다.

일일 수익률 = (현재 가격 - 이전 가격) / 이전 가격

일일 수익률의 표준편차를 계산합니다. 이를 계산하기 위해서는 먼저 해당 기간 동안의 일일 수익률의 평균을 구합니다.

평균 일일 수익률 = (일일 수익률의 합) / (일일 수익률의 개수)

그런 다음, 평균 일일 수익률과 각 일일 수익률 간의 차이를 제곱한 값의 합을 구합니다. 이를 전체 일일 수익률의 개수로 나눈 후, 다시 루트를 씌워 표준편차를 계산합니다.

역사적 변동성 = (일일 수익률의 표준편차) × (252^0.5)

위 식에서 252는 1년의 영업일 수를 의미합니다. 따라서 위의 식은 1년을 기준으로 역사적 변동성을 계산합니다. 만약 이런 방법으로 계산한 30일 역사적 변동성이 16이라고 하면 이 종목은 30일 동안 하루에 대략 1% 움직임이 있는 종목이라는 뜻입니다. 252의 제곱근이 $16(\sqrt{252})$이므로 변동성 16 나누기 252의 제곱근$\left(\frac{16}{\sqrt{252}}\right)$은 1이기 때문입니다. 마찬가지로 60일 역사적 변동성이 16이라고 하면 60일 동안 하루 움직임이 1% 정도라는 뜻입니다. 여기서 참고해야 할 점은 주식의 경우 1년 영업일이 252일이지만 암호화폐의 경우는 휴일 없이 운영이 되므로 365일로 바꿔서 계산해야 한다는 것입니다.

챗GPT로 상관계수 분석

다음과 같이 챗GPT에 질문을 해보겠습니다.

파이썬의 ccxt 모듈을 활용하여 아래의 요건에 맞는 코드를 만들어주세요.

1. 비트코인의 종가에 대한 1년 동안의 데이터를 출력해주는 코드를 만든다.

2. 이더리움의 종가에 대한 1년 동안의 데이터를 출력해주는 코드를 만든다.

3. 두 종목의 상관계수를 구한다.

GPT-3.5

아래는 ccxt 모듈을 사용하여 요구 사항에 적합하도록 구현한 파이썬 코드입니다.

```
import ccxt
import pandas as pd

# 1. 비트코인의 종가에 대한 1년 동안의 데이터 출력
exchange = ccxt.binance()
symbol = 'BTC/USDT'
timeframe = '1d'
limit = 365

ohlcv = exchange.fetch_ohlcv(symbol=symbol, timeframe=timeframe,
limit=limit)
df = pd.DataFrame(ohlcv, columns=['timestamp', 'open', 'high',
'low', 'close', 'volume'])
df['timestamp'] = pd.to_datetime(df['timestamp'], unit='ms')
df.set_index('timestamp', inplace=True)
print(df['close'])

# 2. 이더리움의 종가에 대한 1년 동안의 데이터 출력
symbol = 'ETH/USDT'

ohlcv = exchange.fetch_ohlcv(symbol=symbol, timeframe=timeframe,
limit=limit)
```

```python
df = pd.DataFrame(ohlcv, columns=['timestamp', 'open', 'high',
'low', 'close', 'volume'])
df['timestamp'] = pd.to_datetime(df['timestamp'], unit='ms')
df.set_index('timestamp', inplace=True)
print(df['close'])

# 3. 두 종목의 상관계수 구하기
btc_close = pd.DataFrame(exchange.fetch_ohlcv(symbol='BTC/USDT',
timeframe='1d', limit=limit),
                                columns=['timestamp', 'open', 'high',
'low', 'BTC_close', 'volume'])['BTC_close']
eth_close = pd.DataFrame(exchange.fetch_ohlcv(symbol='ETH/USDT',
timeframe='1d', limit=limit),
                                columns=['timestamp', 'open', 'high',
'low', 'ETH_close', 'volume'])['ETH_close']

corr = btc_close.corr(eth_close)
print("Correlation value between BTC and ETH:", corr)
```

챗GPT 질문란에서 줄 바꿈을 하려면 어떻게 해야 하나요?

챗GPT에 질문을 할 때 긴 질문을 줄 바꿈을 하여 일목요연하게 정리할 필요성이 있을 때가 있습니다. 예를 들어, 앞의 질문에서 '파이썬의 ccxt 모듈을 활용하여 다음 요건에 맞는 코드를 만들어주세요'를 입력한 다음에 그냥 엔터키를 누르면 챗GPT는 바로 이 질문에 대한 답을 생성할 것입니다. 하지만 '다음 요건'에 해당되는 질문들을 추가하기 위해 줄 바꿈을 하여 질문들을 나열할 필요가 있는데, 이때 `Shift`+`Enter`를 누르면 다음 줄로 넘겨 계속 질문을 작성할 수 있습니다.

'파이썬의 ccxt 모듈을 활용하여 다음 요건에 맞는 코드를 만들어주세요'를 입력하고 `Shift`+`Enter`를 누르면 그다음 줄로 이동합니다. 여기서 '1. 비트코인의 종가에 대한 1년 동안의 데이터를 출력해주는 코드를 만들어주세요'라는 질문을 입력하고 다시 `Shift`+`Enter`를 누르면 그다음 줄에서 다른 질문을 입력할 수 있습니다.

이런 방식을 사용하면 보다 일목요연하게 질문을 정리할 수 있을 뿐 아니라 이해하기도 쉽습니다.

챗GPT가 만든 코드를 실행해보면 그림 4-1과 같은 결과가 나옵니다.

```
timestamp
2022-05-07    2635.34
2022-05-08    2519.71
2022-05-09    2228.55
2022-05-10    2342.05
2022-05-11    2084.99
                 ...
2023-05-02    1870.08
2023-05-03    1905.12
2023-05-04    1877.07
2023-05-05    1993.30
2023-05-06    1929.86
Name: close, Length: 365, dtype: float64
Correlation value between BTC and ETH: 0.8832845563734318
```

그림 4-1 **코드 실행 결과**

우리는 간단한 질문만으로 두 종목의 상관계수를 구할 수 있는 코드를 쉽게 생성할 수 있다는 것을 확인했습니다. 결과를 보면 BTC(비트코인)와 ETH(이더리움)와의 상관관계가 0.88로 굉장히 높다는 것을 알 수 있습니다.

실제로 두 종목이 최근에 거의 비슷하게 움직이고 있는지 직접 확인해보겠습니다. 두 종목 간의 움직임을 비교하고 싶을 때 표준화라는 개념을 적용합니다. **표준화** standardization란 데이터의 특성을 동일하게 만들기 위한 데이터 전처리 방법 중 하나입니다. 표준화는 각각의 특성feature이 평균 0, 표준편차 1인 표준정규분포를 따르도록 데이터를 변환합니다. 표준화를 적용하면 각 특성의 값이 서로 다른 범위를 가지는 경우에도 동일한 범위 내에서 비교할 수 있습니다. 예를 들어, 하나의 특성이 0부터 100까지의 값을 갖는데 다른 특성이 -100부터 100까지의 값을 갖는 경우에도, 두 특성 모두 표준화를 적용하면 평균이 0, 표준편차가 1인 값으로 변환됩니다.

비트코인의 가격은 3000만 원대, 이더리움은 200만 원대로 서로 가격의 크기가 많이 차이 나므로 단순히 차트만 그리면 서로의 움직임을 정확히 관찰하기 힘듭니다. 그래서 표준화를 시켜서 두 종목 다 평균을 0, 표준편차가 1인 값으로 변환해서 비교합니다.

그럼 질문에 새로운 요건을 추가해보겠습니다.

파이썬의 ccxt 모듈을 활용하여 아래의 요건에 맞는 코드를 만들어주세요.

1. 비트코인의 종가에 대한 1년 동안의 데이터를 출력해주는 코드를 만든다.

2. 이더리움의 종가에 대한 1년 동안의 데이터를 출력해주는 코드를 만든다.

3. 두 종목의 상관계수를 구한다.

4. 두 종목의 가격을 표준화하여 시각화해주는 코드를 만든다.

GPT-3.5

아래는 ccxt 모듈을 사용하여 요구 사항에 적합하도록 구현한 파이썬 코드입니다.

```python
import ccxt
import pandas as pd
import matplotlib.pyplot as plt

# 1. 비트코인의 종가에 대한 1년 동안의 데이터 출력
exchange = ccxt.binance()
symbol = 'BTC/USDT'
timeframe = '1d'
limit = 365

ohlcv = exchange.fetch_ohlcv(symbol=symbol, timeframe=timeframe,
limit=limit)
df_btc = pd.DataFrame(ohlcv, columns=['timestamp', 'open',
'high', 'low', 'close', 'volume'])
df_btc['timestamp'] = pd.to_datetime(df_btc['timestamp'],
unit='ms')
df_btc.set_index('timestamp', inplace=True)
```

```
print(df_btc['close'])

# 2. 이더리움의 종가에 대한 1년 동안의 데이터 출력
symbol = 'ETH/USDT'

ohlcv = exchange.fetch_ohlcv(symbol=symbol, timeframe=timeframe,
 limit=limit)
df_eth = pd.DataFrame(ohlcv, columns=['timestamp', 'open',
'high', 'low', 'close', 'volume'])
df_eth['timestamp'] = pd.to_datetime(df_eth['timestamp'],
unit='ms')
df_eth.set_index('timestamp', inplace=True)
print(df_eth['close'])

# 3. 두 종목의 상관계수 구하기
corr = df_btc['close'].corr(df_eth['close'])
print("Correlation value between BTC and ETH:", corr)

# 4. 두 종목의 가격을 표준화하여 시각화
btc_close_norm = (df_btc['close'] - df_btc['close'].mean()) /
df_btc['close'].std()
eth_close_norm = (df_eth['close'] - df_eth['close'].mean()) /
df_eth['close'].std()

plt.plot(btc_close_norm.index, btc_close_norm, label='BTC')
plt.plot(eth_close_norm.index, eth_close_norm, label='ETH')
plt.xlabel('Date')
plt.ylabel('Price (Normalized)')
plt.title('Normalized Price Comparison between BTC and ETH')
plt.legend()
plt.show()
```

챗GPT가 만든 코드를 실행해보겠습니다. 이전과 같이 상관계수가 0.88이 나오고
두 가격의 움직임을 비교해주는 차트가 나옵니다. 실제로 두 종목의 1년간 움직임
이 거의 비슷하다는 것을 알 수 있습니다.

Correlation value between BTC and ETH: 0.88330128208421

그림 4-2 **코드를 실행해서 얻은 상관계수**

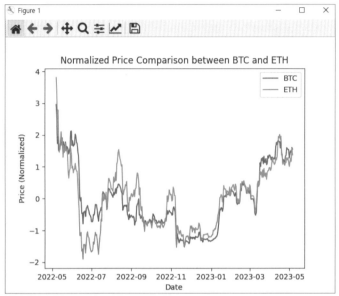

그림 4-3 **비트코인과 이더리움의 가격 변동 비교**

지금까지 상관계수에 대한 기본적인 분석을 해보았습니다.

챗GPT로 변동성 분석

이제 비트코인의 변동성을 계산하고 분석해보겠습니다. 비트코인의 경우 주식과 다르게 365일 시장에서 거래를 할 수 있으므로 주식시장의 영업일인 252일 대신에 365일을 적용해야 합니다. 그리고 여기서는 30일간의 역사적 변동성을 계산하겠습니다. 이 말인즉, 만약 오늘의 30일간 역사적 변동성값을 구한다면 오늘부터 30일 전까지의 일별 수익률 데이터로 변동성을 구하고, 어제의 30일간 역사적 변동성은 어제부터 30일 전까지의 일별 수익률 데이터로 변동성을 구하면서 점점 과거로 내려가면서 변동성값을 구한다는 뜻입니다. 수식으로 표현하면 다음과 같습니다.

30일간 역사적 변동성 = (30일 동안의 일일 수익률의 표준편차) × (365^0.5)

주식시장에서는 보통 20일, 60일, 120일간의 역사적 변동성값을 구해서 참고 지표로 활용하는데, 이는 20일은 한 달간의 영업일, 60일은 석 달간의 영업일, 120일은 6개월의 영업일을 뜻합니다. 하지만 암호화폐의 경우 영업일이 365일로 휴일 없이 운영되므로 한 달은 30일, 세 달은 90일, 6개월은 150일로 적용하면 됩니다.

파이썬의 ccxt 모듈을 활용하여 아래의 요건에 맞는 코드를 만들어주세요.

1. 비트코인의 종가에 대한 1년 동안의 데이터를 받는다.

2. 1년 동안의 종가 데이터로 30일간 역사적 변동성을 계산한다. 변동성을 구할 때 sqrt(252)를 곱하는 것이 아니라 sqrt(365)를 곱해준다.

3. 역사적 변동성의 추이를 시각화해준다.

GPT-3.5

아래는 ccxt 모듈을 사용하여 요구 사항에 적합하도록 구현한 파이썬 코드입니다.

```python
import ccxt
import pandas as pd
import numpy as np
import matplotlib.pyplot as plt

# 비트코인 가격 데이터 가져오기
exchange = ccxt.binance()
symbol = 'BTC/USDT'
timeframe = '1d'
ohlcv = exchange.fetch_ohlcv(symbol, timeframe)

# 데이터 프레임으로 변환
df = pd.DataFrame(ohlcv, columns=['timestamp', 'open', 'high',
'low', 'close', 'volume'])
df['timestamp'] = pd.to_datetime(df['timestamp'], unit='ms')
df.set_index('timestamp', inplace=True)
```

```
# 1년 동안의 종가 데이터로 30일간 역사적 변동성 계산
rolling_sd = df['close'].pct_change().rolling(window=30).std()
* np.sqrt(365)

# 역사적 변동성 시각화
fig, ax = plt.subplots(figsize=(10, 6))
ax.plot(rolling_sd.index, rolling_sd.values)
ax.set_xlabel('Date')
ax.set_ylabel('Historical Volatility')
ax.set_title('Bitcoin Historical Volatility')
plt.show()
```

ccxt.binance()를 사용하여 바이낸스(Binance) 거래소에 연결합니다. fetch_ohlcv()를 사용하여 비트코인/USDT의 일일 시가, 고가, 저가, 종가, 거래량 데이터를 가져옵니다. 이 데이터는 OHLCV(Open-High-Low-Close-Volume) 형식으로 제공됩니다.

데이터를 팬더스(pandas) 데이터 프레임으로 변환한 후, pct_change()를 사용하여 종가의 일일 수익률을 계산합니다. 이후 rolling() 함수를 사용하여 30일 동안의 이동 표준편차를 계산하고, np.sqrt(365)를 곱하여 연간 역사적 변동성을 계산합니다.

matplotlib을 사용하여 역사적 변동성 추이를 시각화합니다.

출력 그래프는 비트코인의 1년 동안의 역사적 변동성 추이를 보여줍니다.

챗GPT가 작성한 코드는 비트코인의 데이터를 1년 치 가져와 30일간의 역사적 변동성값을 현재 일자부터 과거 일자까지 순차적으로 만들어서 계산된 변동성을 시각화해주는 코드입니다. 실행해보면 그림 4-4와 같은 결과가 나옵니다.

그림 4-4의 그래프를 보면 최근 변동성은 대략 0.4 정도인데, 이것을 보통 퍼센트 단위로 부르며 40% 변동성 혹은 40볼이라고 말합니다. 비트코인은 365일로 계산하므로 365의 제곱근값이 19 정도입니다. 이에 따라 40을 19로 나누면 2.1 정도 나옵니다. 앞에서도 설명하였지만 이 말인즉 한 달간 비트코인이 하루에 평균 2.1%

정도 위아래로 움직였다는 뜻입니다. 따라서 역사적 변동성의 수치가 커지면 비트코인의 위아래 변동률도 점점 커지고 있다고 판단할 수 있습니다.

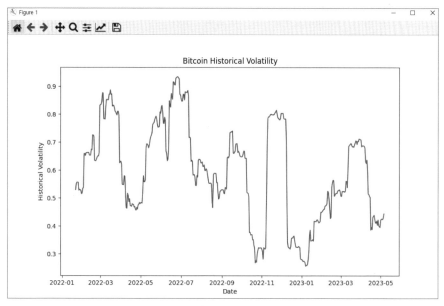

그림 4-4 **비트코인 변동성 그래프**

그러면 이 변동성과 비트코인의 움직임 간의 관계는 어떨까요? 비트코인의 종가와 앞에서 구한 변동성을 표준화하여 서로 비교해보는 코드를 추가로 생성해달라고 요청해보겠습니다.

 파이썬의 ccxt 모듈을 활용하여 다음 요건에 맞는 코드를 만들어주세요.

1. 비트코인의 종가에 대한 1년 동안의 데이터를 받는다.
2. 1년 동안의 종가 데이터로 30일간 역사적 변동성을 계산한다. 변동성을 구할 때 sqrt(252)를 곱하는 것이 아니라 sqrt(365)를 곱해준다.
3. 역사적 변동성의 추이를 시각화해준다.
4. 비트코인의 종가와 역사적 변동성 추이를 표준화시키고 시각화해서 비교한다.

GPT-3.5

아래는 ccxt 모듈을 사용하여 요구 사항에 적합하도록 구현한 파이썬 코드입니다.

```python
import ccxt
import pandas as pd
import numpy as np
import matplotlib.pyplot as plt

# 비트코인 가격 데이터 가져오기
exchange = ccxt.binance()
symbol = 'BTC/USDT'
timeframe = '1d'
ohlcv = exchange.fetch_ohlcv(symbol, timeframe)

# 데이터 프레임으로 변환
df = pd.DataFrame(ohlcv, columns=['timestamp', 'open', 'high',
'low', 'close', 'volume'])
df['timestamp'] = pd.to_datetime(df['timestamp'], unit='ms')
df.set_index('timestamp', inplace=True)

# 1년 동안의 종가 데이터로 30일간 역사적 변동성 계산
rolling_sd = df['close'].pct_change().rolling(window=30).std()
* np.sqrt(365)

# 종가와 역사적 변동성 표준정규화
df['close_norm'] = (df['close'] - df['close'].mean()) /
df['close'].std()
rolling_sd_norm = (rolling_sd - rolling_sd.mean()) /
rolling_sd.std()

# 시각화
fig, ax = plt.subplots(figsize=(10, 6))
ax.plot(df.index, df['close_norm'], label='BTC Price
(Standardized)')
ax.plot(rolling_sd.index, rolling_sd_norm, label='Historical
Volatility (Standardized)')
ax.set_xlabel('Date')
ax.set_ylabel('Standardized Value')
ax.set_title('Bitcoin Price and Historical Volatility')
ax.legend()
plt.show()
```

챗GPT가 생성한 코드를 실행하면 그림 4-5와 같은 결과 그래프를 보여줍니다.

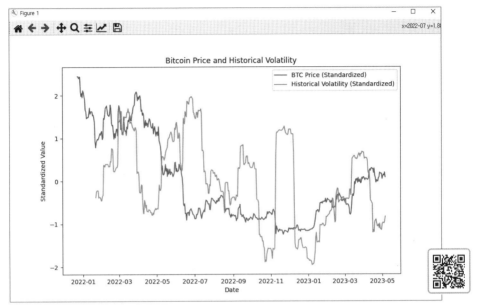

그림 4-5 **비트코인 종가와 역사적 변동성 비교**

파란색(진회색)이 비트코인 종가를 표준화한 값이고, 주황색(연회색)이 역사적 변동
성값을 표준화한 값입니다. 그림 4-5의 그래프를 보면 비트코인 가격이 급락할 때
변동성이 급등하고 별 움직임이 없을 때 변동성이 점점 내려가는 것을 확인할 수
있습니다. 또한, 관찰 기간인 1년 동안만 보면 변동성이 충분히 내려갔을 때(2023년
1월경)가 비트코인 가격의 저점에 가깝다는 것을 알 수 있습니다.

시장상황에 따라 가격이 급등하면서 변동성이 올라가는 경우도 있지만, 보통은 급
락하면서 올라가는 경우가 더 많습니다. 이를 토대로 해당 자산의 하락 위험이 큰
상황을 나타내는 지표로 변동성을 활용할 수 있습니다. 그리고 변동성이 충분히
하락하였고 가격 또한 관찰 기간 동안 충분히 하락하였다면 매력적인 매수 신호로
받아들일 수도 있습니다.

4.3 주식 예측 모델 만들기

주식 예측 모델 정하기

주식 가격 예측을 위해 파이썬의 텐서플로를 사용하는 경우 다양한 모델을 활용할 수 있습니다. 어떤 모델을 선택해야 하는지는 데이터의 특성과 예측하려는 문제에 따라 달라집니다. 몇 가지 인기 있는 주식 가격 예측 모델을 살펴보겠습니다.

- **LSTM**long short-term memory **모델**: 순환 신경망recurrent neural network, RNN의 한 종류로, 시계열 데이터를 예측하는 데 효과적입니다. LSTM은 과거 정보를 기억하고 현재 및 미래의 주식 가격과의 관계를 파악하는 데 유용합니다.

- **CNN**convolutional neural network **모델**: 이미지 처리에 주로 사용하지만, 주식 가격 데이터를 이미지로 변환하여 예측하는 데에도 활용할 수 있습니다. 주식 가격 데이터를 시간축으로 변환하여 이미지로 인식하고 CNN을 사용하여 패턴을 감지할 수 있습니다.

- **변형 트랜스포머**transformer **모델**: 주로 자연어 처리에 사용하지만, 주식 가격 예측과 같은 시계열 데이터에도 적용할 수 있습니다. 트랜스포머 모델은 멀티헤드 어텐션multi-head attention 메커니즘을 활용하여 주식 가격의 시간적인 의존성을 모델링할 수 있습니다.

- **ARIMA**autoregressive integrated moving average **모델**: 전통적인 통계적 방법으로, 주식 가격 예측에도 자주 사용하고 있습니다. ARIMA는 시계열 데이터의 자기회귀auto-regressive 및 이동평균moving average 성분을 모델링하여 예측을 수행합니다.

이 밖에도 여러 다른 모델들도 사용할 수 있습니다만, 모델 선택에 있어서는 데이터의 특성, 예측 시간 범위, 모델의 복잡성 등을 고려해야 합니다.

여기서 우리는 AI 전공자 수준의 지식이 필요한 것은 아니고 다만 챗GPT를 활용하는 법에 중점을 둘 것이기 때문에 모델에 대해서 아주 자세히 알지는 못해도 대략적으로 이런 것이다 정도만 이해하면 될 것 같습니다.

그럼 이 장에서는 요즘 가장 많이 사용하는 LSTM 모델을 써서 주가를 예측해보도록 하겠습니다.

LSTM 모델에 대해 자세히 알아봅시다.

LSTM은 RNN의 한 종류로, 주로 시계열 데이터나 순서가 있는 데이터를 모델링하는 데 사용합니다. LSTM은 일반적인 RNN의 단점인 장기 의존성 문제를 해결하기 위해 고안된 것입니다. LSTM은 시퀀스 데이터의 긴 의존성을 기억하고 활용할 수 있는 내부 메모리 유닛인 '셀'로 구성되어 있습니다. 이 셀은 다음과 같은 세 가지 핵심 요소로 이루어져 있습니다.

1 **입력 게이트**(input gate): 현재 입력을 얼마나 셀에 저장할지 결정합니다. 시그모이드 (sigmoid) 함수를 통해 0과 1 사이의 값을 출력하여 현재 입력에 대한 중요도를 제어합니다.

2 **삭제 게이트**(forget gate): 이전 셀 상태에서 어떤 정보를 삭제할지 결정합니다. 이전 시간 단계의 출력과 현재 입력을 함께 고려하여 어떤 정보를 유지하고 어떤 정보를 삭제할지 결정합니다.

3 **출력 게이트**(output gate): 현재 셀 상태를 기반으로 다음 숨겨진 상태를 계산합니다. 현재 입력과 이전 시간 단계의 출력을 고려하여 얼마나 많은 정보를 현재 출력에 반영할지 결정합니다.

LSTM은 이러한 게이트 메커니즘을 사용하여 중요한 정보를 보존하고 장기 의존성을 학습할 수 있습니다. 이는 주식 가격 예측과 같이 과거 데이터와 현재 데이터 간의 상관관계가 중요한 문제에 유용합니다. LSTM 모델은 이러한 셀을 여러 개 쌓아 올린 다층 구조로 구성할 수도 있습니다.

LSTM 모델은 텐서플로를 사용하여 구현할 수 있으며, 입력 데이터에 대한 시퀀스 정보를 전달하고 모델이 출력하는 다음 값을 예측할 수 있습니다. 학습 데이터를 사용하여 모델을 훈련시키고, 훈련 모델을 사용하여 새로운 데이터에 대한 예측을 수행할 수 있습니다.

주식 예측 모델에 대한 질문 구성

앞에서 어떤 모델을 사용할지 정하였으니 구체적인 질문을 설정해보도록 하겠습니다. 3장에서 얻은 데이터인 삼성전자의 가격 및 펀더멘털 데이터(PER)를 통해 주가를 예측하는 것을 목표로 삼겠습니다.

그럼 챗GPT에게 질문해보겠습니다.

파이썬의 pykrx 모듈을 활용하여 다음 요건에 해당하는 파이썬 코드를 만들어주세요.

1. 삼성전자의 오늘부터 1년 동안의 OHLCV(시가, 고가, 저가, 종가, 거래량)와 펀더멘털 지표(BPS, PER, PBR, EPS, DIV, DPS)를 구한다.
2. 입력값은 종가와 PER로 하여 파이썬 텐서플로를 통한 LSTM 모델을 이용하여 내일부터 향후 일주일간 주가를 예측한다.
3. 주가를 예측한 것을 시각화한다.

GPT-4

주어진 요구 사항에 맞게 코드를 작성해보겠습니다. 먼저 삼성전자의 1년 동안의 OHLCV와 펀더멘털 지표를 구한 후, 텐서플로 LSTM 모델을 이용하여 내일부터 향후 일주일간의 주가를 예측하고, 그 결과를 시각화합니다.

```python
import datetime
import pandas as pd
import numpy as np
import tensorflow as tf
from pykrx import stock
import matplotlib.pyplot as plt
from sklearn.preprocessing import MinMaxScaler
from tensorflow.keras.models import Sequential
from tensorflow.keras.layers import LSTM, Dense, Dropout

# 삼성전자 종목 코드
ticker = "005930"
```

```python
# 날짜 범위 설정 (오늘 날짜로부터 1년 전까지)
end_date = datetime.datetime.now().strftime("%Y%m%d")
start_date = (datetime.datetime.now() -
datetime.timedelta(days=365)).strftime("%Y%m%d")

# 삼성전자 1년 동안의 OHLCV와 펀더멘털 지표 데이터
ohlcv = stock.get_market_ohlcv_by_date(start_date, end_date,
ticker)
fundamental = stock.get_market_fundamental_by_date(start_date,
end_date, ticker)

# 데이터 병합
data = pd.concat([ohlcv, fundamental], axis=1)

# 데이터 전처리 및 분할
train_data = data[['종가', 'PER']]

# 데이터 정규화
scaler = MinMaxScaler()
scaled_data = scaler.fit_transform(train_data)

# 시퀀스 데이터 생성
def create_sequences(data, seq_length):
    x = []
    y = []
    for i in range(len(data) - seq_length - 1):
        x.append(data[i:(i + seq_length), :])
        y.append(data[i + seq_length, 0])

    return np.array(x), np.array(y)

seq_length = 30
x, y = create_sequences(scaled_data, seq_length)

# LSTM 모델 구성
model = Sequential()
model.add(LSTM(units=100, return_sequences=True,
input_shape=(x.shape[1], x.shape[2])))
model.add(Dropout(0.2))
model.add(LSTM(units=100, return_sequences=True))
model.add(Dropout(0.2))
```

```python
model.add(LSTM(units=100))
model.add(Dense(1))

# 모델 컴파일 및 학습
model.compile(optimizer='adam', loss='mean_squared_error')
model.fit(x, y, epochs=100, batch_size=16)

# 일주일간 주가 예측
n_days = 7
predictions = []

for _ in range(n_days):
    last_seq = scaled_data[-seq_length:]
    last_seq = last_seq.reshape(1, seq_length, 2)
    prediction = model.predict(last_seq)
    predictions.append(prediction[0, 0])

    new_seq = np.array([[prediction[0, 0], last_seq[0, -1, 1]]])
    scaled_data = np.concatenate((scaled_data, new_seq), axis=0)

# 결과 역정규화 및 출력
predicted_prices = scaler.inverse_transform(np.concatenate((np.
array(predictions).reshape(-1, 1), np.full((n_days, 1), np.nan)),
axis=1))[:, 0]

# 시각화
actual_prices = data['종가'].values
plt.figure(figsize=(14, 6))
plt.plot(np.arange(len(actual_prices)), actual_prices,
label='Actual Prices')
plt.plot(np.arange(len(actual_prices), len(actual_prices) +
n_days), predicted_prices, label='Predicted Prices')
plt.xlabel('Days')
plt.ylabel('Price')
plt.legend()
plt.show()
```

어떻습니까? 저는 매우 놀랐습니다. AI 모델에 관한 전문적인 지식 없이도 챗GPT
를 통해서 명확한 질문만 하면 LSTM 모델을 이용한 파이썬 코드로 바로 구현해내
는 능력을 보여주다니 정말 놀랍지 않습니까? 이러한 경험을 통해 향후 인간은 지
식의 학습 및 암기 능력보다는 창의적 활용이 더욱더 중요한 시대가 오겠구나 하
는 것을 체감할 수 있었습니다.

챗GPT의 주식 가격 예측 데이터 확인

그럼 이 코드를 실행해보겠습니다. 3장에서 만든 main.py에 코드를 붙이고 편집창
에서 마우스 오른쪽 버튼을 클릭하면 [Run 'main']이 보일 텐데 이것을 클릭하면
실행이 됩니다. 실행 결과로 보여주는 시각화 그래프는 그림 4-6과 같습니다.

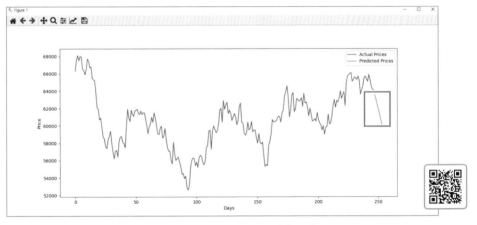

그림 4-6 **챗GPT로 얻은 예측 주가 예측 그래프**

파란색은 실제 데이터이고 주황색(박스 표시)이 향후 일주일간 주가를 예측한 값입
니다. 다음 일주일간 삼성전자가 하락한다고 예측해주네요. 물론 이 모델의 정확성
은 좀 더 검증해봐야겠지만, 향후 방향성을 제시해준다는 점은 앞으로 투자 판단
을 하는 데 분명 도움을 주는 요소가 될 것 같습니다.

자, 지금까지 LSTM 모델로 주가를 예측하는 것을 알아보았습니다. 우리는 챗GPT를 통해서 주식의 데이터를 받고 이를 통해서 모델을 만들고 심지어 간단한 예측을 해보는 프로그램까지 만들어보았습니다. 여기서는 삼성전자의 가격 데이터와 PER 데이터를 입력값으로 잡아 예측하였지만, 이외의 다양한 데이터들을 조합하여 예측 모델을 향상시킨다면 앞으로 더욱더 정확한 예측을 하는 모델을 만들 수 있을 거라고 생각합니다.

암호화폐 예측 모델 만들기

암호화폐 예측 모델 정하기

암호화폐 가격 예측을 위해서 앞의 주식에서 사용한 LSTM 모델을 그대로 사용해보도록 하겠습니다. 다만 암호화폐는 PER 같은 펀더멘털 데이터가 존재하지 않으므로 가격 데이터만으로 암호화폐의 가격을 예측하는 모델을 만들어보도록 하겠습니다. 앞 절에서도 이미 밝혔지만 우리는 AI 전공자 수준의 지식이 필요한 것은 아니고 그저 챗GPT를 활용하는 법에 중점을 둘 것이므로 이 모델을 활용하여 구현이 되는지를 집중적으로 알아보도록 하겠습니다.

암호화폐 예측 모델에 대한 질문 구성

앞에서 사용한 모델을 그대로 사용할 예정이니 질문만 구체적으로 설정해보도록 하겠습니다. 앞 절에서 얻은 데이터인 비트코인의 가격 및 거래량 데이터를 통해 향후 비트코인의 가격을 예측하는 것을 목표로 삼겠습니다.

파이썬의 ccxt 모듈을 활용하여 다음 요건에 해당하는 파이썬 코드를 만들어주세요.

1. 비트코인의 오늘부터 1년 동안의 OHLCV(시가, 고가, 저가, 종가, 거래량) 데이터를 구한다.

2. 입력값은 종가로 하고 파이썬 텐서플로를 통한 LSTM 모델을 이용하여 내일부터 향후 일주일간 비트코인 가격을 예측한다.

3. 가격을 예측한 것을 시각화한다.

GPT-4

아래의 코드는 비트코인의 과거 1년간 데이터를 사용하여 LSTM 모델을 구성하고 향후 일주일간 가격을 예측한 다음, 결과를 시각화하는 데 필요한 코드를 포함하고 있습니다. 코드는 ccxt 라이브러리를 사용하여 비트코인 데이터를 가져옵니다. 코드를 실행하려면 먼저 tensorflow, numpy, pandas, ccxt, matplotlib, sklearn 라이브러리를 설치해야 합니다.

```python
import ccxt
import datetime
import pandas as pd
import numpy as np
import matplotlib.pyplot as plt
from sklearn.preprocessing import MinMaxScaler
from tensorflow.keras.models import Sequential
from tensorflow.keras.layers import LSTM, Dense, Dropout

def fetch_data(start_date, end_date):
    exchange = ccxt.binance()
    timeframe = '1d'
    start_date = exchange.parse8601(start_date + 'T00:00:00Z')
    end_date = exchange.parse8601(end_date + 'T00:00:00Z')

    data = exchange.fetch_ohlcv('BTC/USDT', timeframe, since=start_date, limit=None)

    df = pd.DataFrame(data, columns=['timestamp', 'open', 'high', 'low', 'close', 'volume'])
    df['timestamp'] = pd.to_datetime(df['timestamp'], unit='ms')
```

```python
    return df

# 날짜 범위 설정 (오늘 날짜로부터 1년 전까지)
end_date = datetime.datetime.now().strftime("%Y-%m-%d")
start_date = (datetime.datetime.now() -
datetime.timedelta(days=365)).strftime("%Y-%m-%d")

# 비트코인 1년 동안의 OHLCV 데이터
ohlcv = fetch_data(start_date, end_date)

# 데이터 전처리 및 분할
train_data = ohlcv[['close']]

# 데이터 정규화
scaler = MinMaxScaler()
scaled_data = scaler.fit_transform(train_data)

# 시퀀스 데이터 생성
def create_sequences(data, seq_length):
    x = []
    y = []
    for i in range(len(data) - seq_length - 1):
        x.append(data[i:(i + seq_length), :])
        y.append(data[i + seq_length, 0])

    return np.array(x), np.array(y)

seq_length = 30
x, y = create_sequences(scaled_data, seq_length)

# LSTM 모델 구성
model = Sequential()
model.add(LSTM(units=100, return_sequences=True,
input_shape=(x.shape[1], x.shape[2])))
model.add(Dropout(0.2))
model.add(LSTM(units=100, return_sequences=True))
model.add(Dropout(0.2))
model.add(LSTM(units=100))
model.add(Dense(1))

# 모델 컴파일 및 학습
model.compile(optimizer='adam', loss='mean_squared_error')
```

```
model.fit(x, y, epochs=100, batch_size=16)

# 일주일간 가격 예측
n_days = 7
predictions = []

for _ in range(n_days):
    last_seq = scaled_data[-seq_length:]
    last_seq = last_seq.reshape(1, seq_length, 1)
    prediction = model.predict(last_seq)
    predictions.append(prediction[0, 0])

    new_seq = np.array([[prediction[0, 0]]])
    scaled_data = np.concatenate((scaled_data, new_seq), axis=0)

# 결과 역정규화 및 출력
predicted_prices = scaler.inverse_transform(
np.array(predictions).reshape(-1, 1))

# 시각화
actual_prices = ohlcv['close'].values
plt.figure(figsize=(14, 6))
plt.plot(np.arange(len(actual_prices)), actual_prices,
label='Actual Prices')
plt.plot(np.arange(len(actual_prices), len(actual_prices) +
n_days), predicted_prices, label='Predicted Prices')
plt.xlabel('Days')
plt.ylabel('Price')
plt.legend()
plt.show()
```

주식뿐만 아니라 암호화폐와 관련해서도 챗GPT를 통해서 명확한 질문만 하면 LSTM 모델을 이용한 파이썬 코드로 바로 만들어내는 능력을 보여줍니다.

그럼 이 코드를 실행해서 결과를 살펴보도록 하겠습니다.

챗GPT의 암호화폐 가격 예측 데이터 확인

main.py에 이 코드를 붙이고 편집창에서 마우스 오른쪽 버튼을 클릭하면 [Run 'main']이 보이는데 이것을 클릭하여 실행합니다. 실행 결과 나타나는 시각화 그래 프는 그림 4-7과 같습니다.

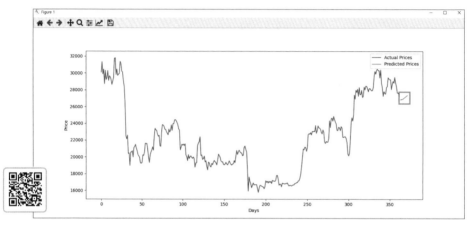

그림 4-7 **챗GPT로 얻은 암호화폐 가격 예측 그래프**

앞에서 살펴본 주식과 마찬가지로 파란색은 실제 데이터이고 주황색(박스 표시)이 향후 일주일간의 추세를 예측한 값입니다. 다음 일주일간 비트코인이 약간 상승할 수 있다고 예측해줍니다. 비트코인에서는 주식과 다르게 종가 데이터만을 써서 예 측했기 때문에 아무래도 정확도가 조금 떨어질 것으로 보입니다.

자, 지금까지 암호화폐를 LSTM 모델로 예측하는 것을 만들어보았습니다. 전문적 지식 없이도 챗GPT를 통해 LSTM이라는 AI 예측 모델을 쉽게 구현할 수 있다는 것이 이 장에서 알아본 핵심 내용입니다.

다음 장에서는 실전 매매 시스템을 만들어보는 프로젝트에 돌입해보겠습니다. 독자분들이 원하는 시스템을 만들 때 챗GPT를 어떻게 활용하는지, 또한 파이썬에 대한 기초 지식만으로 그 구현이 과연 가능한지 살펴보도록 하겠습니다.

프로그래밍 능력이 커리어에 얼마나 도움을 주나요?

제가 트레이더로서 행운이었던 점은 여러 회사와 팀을 거치며, 주식, 파생, 채권의 세 분야를 모두 거래해왔다는 것입니다. 현업에서 트레이더들은 보통 한 분야에서 시작하면 그 분야에서 정착하고 뿌리를 내려 다른 파트를 거래할 기회가 별로 없는 것이 일반적입니다. 예를 들면 주식 트레이더는 계속 주식 트레이딩을, 채권 트레이더는 커리어 내내 채권 거래를 하는 식으로 분야별로 일종의 칸막이 같은 것이 존재합니다.

다만 저의 경우 프로그래밍 능력을 갖춘 것이 해당 분야들을 넘나드는 데 큰 도움이 되었다고 생각합니다. 트레이딩이라는 커리어의 일관성을 토대로 각 분야에서 요구하는 시스템을 구축할 수 있는 프로그래밍 능력이 뒷받침되었기 때문에 각 분야를 넘나들면서 거래를 해올 수 있었습니다.

어느 분야에서나 기본이 되는 자신만의 무기를 갈고닦으면 분야가 다를지라도 이를 바탕으로 넘나들 수 있을뿐더러 이를 통해 더욱 발전할 수 있는 기회가 생긴다는 점을 경험을 통해 증명해왔다고 생각합니다.

저에게 있어서 그 무기는 프로그래밍 능력이었고, 이 능력이 세 분야를 모두 경험할 수 있는 밑바탕이 되었습니다. 물론 주식, 파생, 채권 그 어느 분야도 쉬운 곳은 없었지만, 덕분에 시장을 보는 눈이 더욱 넓어졌습니다. 이론에서만 배웠던 다양한 합성 전략도 실전에서 적용하며 트레이딩했던 것은 저에게 큰 자산이 되었습니다.

이 책을 통해 여러분에게 챗GPT를 이용한 코딩 방법을 알려드리고자 한 것은 더 큰 도약을 위한 도구를 가질 수 있길 바랐기 때문입니다. 이 도구를 잘 갈고닦아 본인만의 무기로 만들지의 여부는 여러분의 노력 여하에 달려 있습니다.

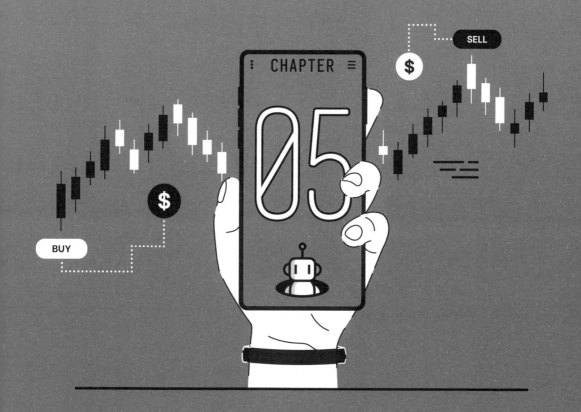

CHAPTER

05

실전 시스템 만들기

이제 주식과 암호화폐에 대한 데이터를 활용하여 추천 종목을 골라주는 시스템을 만들어보겠습니다. 이 장에서 여러분은 사용자는 단지 시스템의 목표를 구성하고 Qt Desinger를 통해 그와 관련된 화면을 만들기만 하면 된다는 경이로움을 경험할 수 있을 것입니다. 나머지 프로그래밍과 관련된 부분은 챗GPT가 해결해줄 테니 말입니다. 사실 앞에서 파이썬 기초에 대해서 설명하긴 하였지만 이제 AI 기술이 발달할수록 이와 같은 지식의 중요성은 점점 떨어질 것으로 예상됩니다. 물론 보다 전문적인 영역에서의 프로그래밍은 여전히 사람의 노력이 들어가야 할 것이나, 일반적인 애플리케이션 수준의 시스템 개발은 AI를 통해 대체될 수 있다는 가능성을 챗GPT가 충분히 보여주고 있습니다.

5.1 주식 종목 추천 시스템 만들기

주식에 대한 데이터를 통해서 매수하기 좋은 종목을 추천하기 위해서는 다양한 지표를 활용할 수 있습니다. 여기서는 코스피 200 지수의 구성 종목 200개의 주식에 대해서 종가 및 앞에서 설명한 펀더멘털 지표인 PER, DIV값의 데이터를 먼저 구합니다. 그리고 입력값 이상의 PER과 입력값 이상의 DIV를 만족하는 주식을 200개의 종목 중에서 1차로 필터링합니다. 그런 다음 종가를 통해서 5일, 20일, 60일 이동평균선을 구해서 정배열인 종목들을 2차로 필터링합니다. 마지막으로 종가를 통해서 볼린저 밴드를 구하고 현재 주가가 볼린저 밴드의 중심선과 하단 밴드 사이에 있는 종목을 3차로 필터링하여 최종 매수 추천 종목을 골라주는 시스템을 만들어보겠습니다. 그럼 주식 추천 시스템을 만들기 전에 구체적인 목표부터 정해보겠습니다.

이동평균선과 볼린저 밴드란?

이동평균선과 볼린저 밴드는 주식시장에서 널리 사용하는 기술적 분석 지표입니다. 이들 지표를 사용하면 주식의 가격 움직임을 더 잘 이해하고 예측할 수 있습니다.

이동평균선(moving average, MA)

1 이동평균선은 특정 기간 동안의 주가를 평균한 값을 나타내는 지표입니다.

2 이동평균선은 시장의 추세를 파악하고 지지와 저항 구간을 식별하는 데 도움이 됩니다.

3 일반적으로 5일(일주일 영업일), 20일(한 달), 60일(3개월) 이동평균선을 주로 사용합니다.

4 5일, 20일, 60일 이동평균선이 정배열(5일선이 20일선 위에 있고 20일선이 60일선 위에 있는 경우)이 되면 상승 추세로 간주하고, 5일, 20일, 60일 이동평균선이 역배열(5일선이 20일선 아래에 있고 20일선이 60일선 아래에 있는 경우)이 되면 하락 추세로 간주합니다.

5 장기 이동평균선은 중기 및 단기 이동평균선과 비교하여 가격 변동성에 덜 민감하며, 주가의 전반적인 추세를 살펴보는 데 유용합니다. 이동평균선이 서로 교차할 때에는 추세 전환 신호로 간주하곤 합니다.

볼린저 밴드(Bollinger Bands)

1 볼린저 밴드는 주가의 변동성을 측정하고 상대적인 과매수 및 과매도 상태를 파악하는 데 도움을 주는 도구입니다.

2 볼린저 밴드는 중심선, 상단 밴드, 하단 밴드의 3개의 선으로 이루어져 있습니다.

3 중심선은 이동평균선을 나타내며, 일반적으로 20일 이동평균선을 사용합니다.

4 상단 밴드는 중심선 위에 일정한 표준편차를 더한 값으로 나타냅니다. 일반적으로 20일 이동평균선 + (표준편차 × 2)로 계산합니다.

5 하단 밴드는 중심선 아래에 일정한 표준편차를 뺀 값으로 나타냅니다. 일반적으로 20일 이동평균선 - (표준편차 × 2)로 계산합니다.

6 주가가 상단 밴드에 도달하면 과매수 상태로 간주하고, 하단 밴드에 도달하면 과매도 상태로 간주합니다. 가격이 밴드 내에 위치하는 경우에는 추세가 일반적으로 지속되는 것으로 간주합니다.

7 볼린저 밴드의 너비는 주식 가격의 변동성을 나타냅니다. 밴드가 좁으면 변동성이 낮고, 밴드가 넓으면 변동성이 높습니다.

8 볼린저 밴드는 주식의 지지 및 저항 수준을 식별하는 데 도움이 됩니다.

볼린저 밴드의 중심선 교차, 밴드의 너비 변화, 상단 및 하단 밴드에서의 가격 행동 등을 살펴보면 매수 또는 매도 신호를 포착할 수 있습니다. 예를 들어, 주가가 하단 밴드를 터치하거나 그 이하로 떨어진 후 반등하는 경우, 이는 매수 신호로 받아들일 수 있습니다. 반대로 주가가 상단 밴드를 터치하거나 그 이상으로 상승한 후 반전하는 경우, 이는 매도 신호로 간주할 수 있습니다.

이동평균선과 볼린저 밴드를 함께 사용하면 각각의 지표가 제공하는 정보를 보완하여 보다 강력한 분석이 가능합니다. 예를 들어, 이동평균선이 상승 추세를 보이고 주가가 하단 볼린저 밴드에 접근한 경우, 강력한 매수 신호로 해석할 수 있습니다. 이와 반대로 이동평균선이 하락 추세를 보이고 주가가 상단 볼린저 밴드에 접근한 경우, 강력한 매도 신호로 해석할 수 있습니다.

시스템 구현 목표 정하기

다음과 같이 요건을 정하고 개발 절차를 생각해보도록 하겠습니다.

주식 종목 추천 시스템 요건

1. 주식의 PER값을 입력하는 부분, 주식의 DIV값을 입력하는 부분, 추천 종목 결과를 보여주는 출력창, 주식검색실행 버튼을 포함하는 UI를 만든다.
2. 코스피 200 지수의 구성 종목 200개의 주식에 대한 리스트를 구한다.
3. 해당 주식들에 대해서 1년 치의 OHLCV(시가, 고가, 저가, 종가, 거래량)와 펀더멘털 지표(BPS, PER, PBR, EPS, DIV, DPS)를 구한다.
4. 주식의 PER값을 입력하는 부분, 주식의 DIV값을 입력하는 부분에 입력값 이상의 PER과 DIV를 가지고 있는 종목을 고른다.
5. 종가 데이터를 바탕으로 이동평균선을 구하고 5일, 20일, 60일 이동평균선의 정배열 종목을 고른다.
6. 종가 데이터를 바탕으로 볼린저 밴드를 구하고 주가가 볼린저 밴드 중심선과 하단 밴드 사이에 있는 종목을 고른다.
7. 위 4, 5, 6번의 세 가지 조건에 맞는 주식을 골라서 매매 신호를 발생하도록 한다.

독자분들이 적정하다고 생각하는 PER값과 DIV값을 1차 필터링으로 하고, 2차로 이동평균선의 정배열 종목은 상승 추세를 나타내는 지표, 3차로 볼린저 밴드의 중심선 아래에 있고 하단 밴드 위에 있는 종목을 고르는 것은 과매수가 아닌 종목을 고르기 위한 지표입니다.

시스템의 개발 과정은 다음과 같은 절차로 진행해보겠습니다.

시스템 개발 과정

1. 시스템의 목적에 맞는 UI 만들기
2. UI의 변숫값을 코드에 연결하는 것까지 포함한 챗GPT 질문 만들기
3. 챗GPT를 통해서 만든 코드 분석해보기
4. 만들어진 코드 실행해보기
5. EXE 실행 파일 만들기

다음에 진행할 시스템 개발에서도 같은 절차를 반복해서 보여드리겠습니다. 이 과정을 반복하다 보면 챗GPT로 시스템을 만드는 과정을 완전히 숙지할 수 있을 것입니다. 그럼 위에서 나열한 절차대로 진행해보겠습니다.

주식 종목 추천 시스템 UI 만들기

앞에서 살펴본 주식 시스템 요건에 따르면 다음과 같은 항목이 UI에 필요합니다.

1. PER, DIV 입력값을 받는 부분
2. 결과를 출력할 곳
3. 실행 버튼

이제 4장에서 UI를 만들었던 내용을 다시 살펴보겠습니다.

C:\Python\Lib\site-packages\PySide2\designer.exe

위의 경로의 designer.exe를 실행하면 그림 5-1과 같은 화면이 나타나는데, 여기서는 Main Window 폼인 기본 폼으로 생성하겠습니다. 특별한 변경 없이 새 폼 화면에서 바로 [생성] 버튼을 클릭합니다.

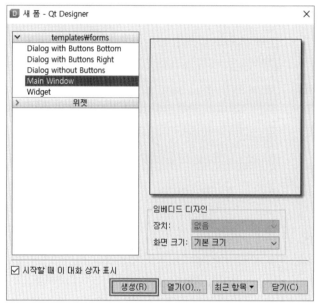

그림 5-1 **Qt Designer 새 폼 생성**

새 폼이 생성되면 그림 5-2와 같이 다양한 오브젝트를 넣을 수 있는 화면이 나타납니다.

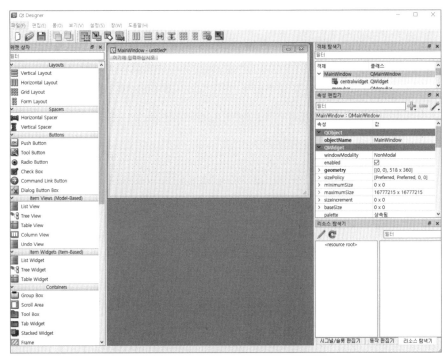

그림 5-2 **Qt Designer 메인 화면**

그림 5-2의 QT Designer 화면에서 새 폼의 사이즈를 적당한 크기로 조절하고 왼쪽 위젯 상자에서 Label 2개, Line Edit 2개, Text Edit 1개, Push Button 1개를 찾고 클릭 후 끌어서 MainWindow 화면에 그림 5-3과 같이 배치합니다.

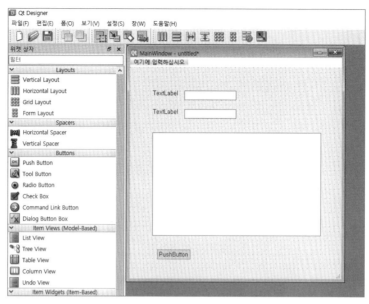

그림 5-3 **Qt Designer UI에 위젯 추가 화면**

여기서 각각 이름을 변경하고 싶은 부분을 클릭해서 수정합니다. 상단 TextLabel
은 'PER', 하단 TextLabel은 'DIV', PushButton은 '주식검색실행'으로 수정합니다.

그림 5-4 **Qt Designer 각 위젯 이름 변경 방법**

이때 앞에서 설명한 것과 같이 그림 5-5와 같은 속성 편집기에서 MainWindow의
이름을 변경할 수 있습니다. 여기선 StockSystem이라고 변경해보겠습니다.

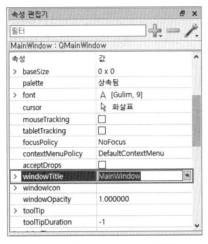

그림 5-5 **Qt Designer 속성 편집기**

변경 사항을 모두 적용한 최종 화면은 그림 5-6과 같습니다.

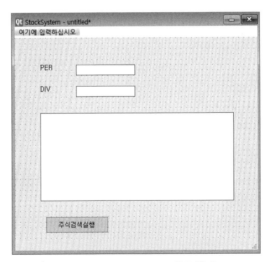

그림 5-6 **Qt Designer UI 최종 화면**

이제 이 UI 파일을 StockSystem.ui라는 파일명으로 프로젝트 폴더에 저장하겠습니다. 상단 메뉴의 [파일] → [다른 이름으로 저장]을 누르면 그림 5-7과 같은 화면이 나타날 것입니다. 경로를 4장에서 지정하였던 파이썬 프로젝트 폴더인 C:\PythonProject로 변경하고 파일 이름을 StockSystem.ui로 변경해서 저장합니다.

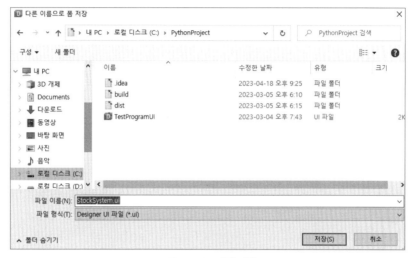

그림 5-7 **UI 파일 저장**

UI를 완성하였습니다. 이제 이 UI에서 코드와 연결할 변수들을 살펴보겠습니다.

1. PER 입력 부분

PER 입력 부분을 클릭해보면 lineEdit라는 변수(값)와 연결된다는 것을 알 수 있습니다.

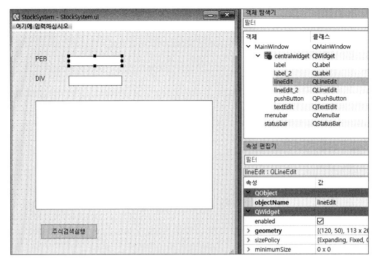

그림 5-8 **Qt Designer 각 위젯에 연결된 변수 1**

2. DIV(배당수익률) 입력 부분

DIV 입력 부분을 클릭해보면 lineEdit_2이라는 변수(값)와 연결된다는 것을 알 수 있습니다.

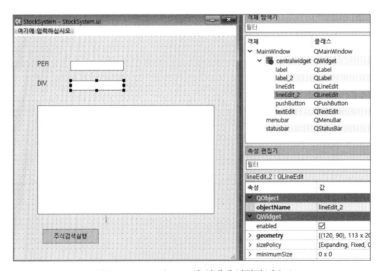

그림 5-9 **Qt Designer 각 위젯에 연결된 변수 2**

3. 결과 출력 부분

결과 출력 부분을 클릭해보면 textEdit이라는 변수(값)와 연결된다는 것을 알 수 있습니다.

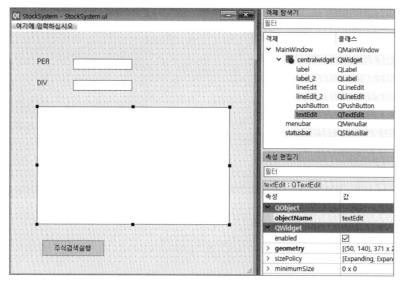

그림 5-10 **Qt Designer 각 위젯에 연결된 변수 3**

4. 주식검색실행 버튼

주식검색실행 버튼을 클릭해 보면 pushButton이라는 변수(값)와 연결된다는 것을 알 수 있습니다.

이 변수들은 앞으로 만들어질 파이썬 코드에 연결된다는 것을 숙지하고 다음 절차로 넘어가겠습니다.

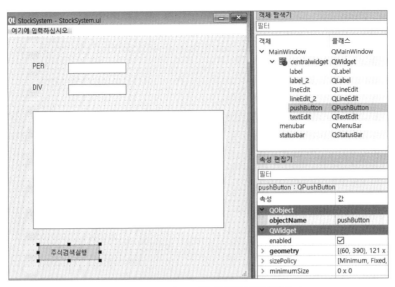

그림 5-11 Qt Designer 각 위젯에 연결된 변수 4

UI 연결 변수를 포함한 챗GPT 질문 만들기

이제 앞에서 설정한 UI의 변수를 포함하여 우리가 원하는 시스템을 만들기 위한 챗GPT에 적용할 구체적인 질문을 만들어보겠습니다. UI와 연결하는 것을 포함한 모든 코드는 챗GPT가 만들도록 질문을 구성해보겠습니다.

파이썬의 pykrx 패키지를 활용하여 아래의 요건에 해당하는 시스템의 파이썬 코드를 만들어주세요.

주식 시스템 요건

1. PyQt5의 QT Designer에서 StockSystem.ui를 만들어 생성해놓았다.

2. StockSystem.ui는 PER 입력 부분(lineEdit), DIV 입력 부분(lineEdit_2), 결과 출력 부분(textEdit), 그리고 주식검색실행 버튼(pushButton)으로 구성되어 있다.

3. 주식검색실행 버튼(pushButton)을 누르면 다음 조건을 절차대로 진행한다.

4. 코스피 200 지수의 구성 종목 200개의 주식에 대한 리스트를 구한다.

5. 해당 주식들에 대해서 오늘부터 과거 1년 치의 OHLCV(시가, 고가, 저가, 종가, 거래량)와 펀더멘털 지표(BPS, PER, PBR, EPS, DIV, DPS)를 구한다.

6. 이 중에서 PER 입력 부분(lineEdit)값 이상의 PER와 DIV 입력 부분(lineEdit_2)값 이상의 DIV를 가지고 있는 종목을 고른다.

7. OHLCV의 종가 데이터를 바탕으로 이동평균선을 구하고 5일, 20일, 60일 이동평균선의 정배열 종목을 고른다.

8. OHLCV의 종가 데이터를 바탕으로 볼린저 밴드를 구하고 주가가 볼린저 밴드 중심선 아래에 있고 하단 밴드 위에 있는 종목을 고른다.

9. 위 6, 7, 8번의 세 가지 조건에 맞는 주식의 리스트(종목 코드, 주식명)를 결과 출력 부분(textEdit)에 출력한다.

챗GPT 질문을 통한 결과 코드

위의 질문을 바탕으로 챗GPT가 도출해낸 결과는 다음과 같습니다.

GPT-4

다음 코드는 pykrx패키지와 PyQt5를 이용하여 주식 시스템 요건을 충족하는 파이썬 코드입니다.

```
import sys
from PyQt5.QtWidgets import QApplication, QMainWindow,
QFileDialog
from PyQt5.uic import loadUi
from pykrx import stock
import pandas as pd
import datetime
import numpy as np

class StockSystem(QMainWindow):
    def __init__(self):
```

```python
        super(StockSystem, self).__init__()
        loadUi('StockSystem.ui', self)

        self.pushButton.clicked.connect(self.stock_search)

    def stock_search(self):
        kospi_200 = stock.get_index_portfolio_deposit_
file("1028")
        today = datetime.date.today()
        past_year = today - datetime.timedelta(days=365)

        per_threshold = float(self.lineEdit.text())
        div_threshold = float(self.lineEdit_2.text())

        selected_stocks = []

        for code in kospi_200:
            df = stock.get_market_ohlcv_by_date(str(past_year).
replace("-", ""), str(today).replace("-", ""), code)
            fs_df = stock.get_market_fundamental_by_date(str(
past_year).replace("-", ""), str(today).replace("-", ""), code)

            per = fs_df.iloc[-1]['PER']
            div = fs_df.iloc[-1]['DIV']

            if per >= per_threshold and div >= div_threshold:
                df['MA5'] = df['종가'].rolling(window=5).mean()
                df['MA20'] = df['종가'].rolling(window=20).
mean()
                df['MA60'] = df['종가'].rolling(window=60).
mean()

                if df.iloc[-1]['MA5'] > df.iloc[-1]['MA20'] >
df.iloc[-1]['MA60']:
                    df['STD'] = df['종가'].rolling(window=20).
std()
                    df['BBM'] = df['종가'].rolling(window=20).
mean()
                    df['BBU'] = df['BBM'] + (df['STD'] * 2)
                    df['BBL'] = df['BBM'] - (df['STD'] * 2)
```

```
                          if df.iloc[-1]['종가'] > df.iloc[-1]['BBL']
and df.iloc[-1]['종가'] < df.iloc[-1]['BBM']:
                             stock_name = stock.get_market_ticker_
name(code)

                             selected_stocks.append((code, stock_name))

        result = "\n".join([f"{code} - {name}" for code, name in
selected_stocks])
        self.textEdit.setPlainText(result)


if __name__ == '__main__':
    app = QApplication(sys.argv)
    stockSystem = StockSystem()
    stockSystem.show()
    sys.exit(app.exec_())
```

놀랍지 않습니까? 챗GPT가 알아서 UI의 변수와 연결하고 시스템의 목표를 구현해 주는 코드를 작성해내다니 말입니다. 그럼 이제 제대로 작동하는지 확인해보겠습니다.

챗GPT로 받은 코드 실행

PyCharm 실행 화면에서 [File] → [New] → [Python file]을 차례로 눌러 New Python file이라는 창이 나오면, 'StockSystem'을 입력 후 엔터키를 눌러 StockSystem.py를 새로 만듭니다. 그리고 이 파이썬 파일에 앞의 코드를 복사해서 붙여넣기를 합니다. 그리고 편집창에서 마우스 오른쪽 버튼을 클릭하면 [Run 'main']이 보일 텐데, 이것을 클릭하여 실행하면 앞에서 만든 UI 화면이 뜨면서 시스템이 실행에 들어갑니다. 이제 PER에 입력값 10, DIV값에 2를 넣고 [주식검색실행]을 클릭해보겠습니다.

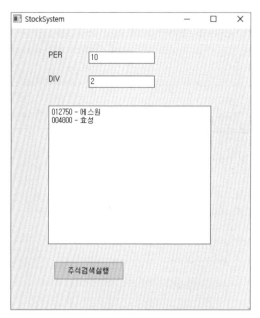

그림 5-12 **주식 종목 추천 시스템 실행 화면**

에스원과 효성 두 종목이 나오네요. 실제로 조건에 부합하는 종목인지 확인해보겠습니다.

1. 에스원

그림 5-13의 차트를 보면 5일선이 빨간색, 20일선이 황금색, 60일선이 회색임을 알수 있습니다. 5일선 > 20일선 > 60일선을 이루는 정배열 종목이고 실제로 주식 가격이 볼린저 밴드 중심선인 20일 이동평균선과 아래의 파란색 볼린저 밴드의 하한선 사이에 위치하는 것을 알 수 있습니다.

그림 5-13 에스원 차트

그림 5-14에서 보는 바와 같이 에스원의 PER은 14.26이므로 입력값 10보다 크고 배당수익률 또한 4.30%이므로 입력값 2%보다 큰 것을 확인할 수 있습니다.

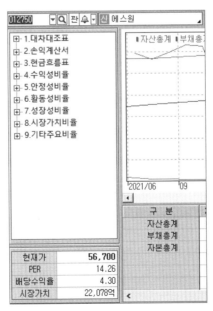

그림 5-14 에스원 자료

2. 효성

그림 5-15의 차트를 보면 마찬가지로 5일선(빨간색) > 20일선(황금색) > 60일선(회색)으로 정배열을 이루고 종가가 아슬아슬하게 황금색인 20일선(볼린저 밴드 중심선) 아래에 있으며 볼린저 밴드 하단 위에 있는 것을 확인할 수 있습니다.

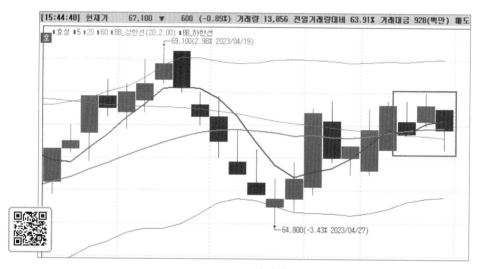

그림 5-15 **효성 차트**

그림 5-16에서 보는 바와 같이 효성의 PER은 90.31로 입력값 10보다 크고 배당수익률 또한 6.60%로 입력값 2%보다 큰 것을 확인할 수 있습니다. 사용자가 원하는 정보를 바탕으로 원하는 종목을 정확히 골라주다니 감탄이 절로 나옵니다.

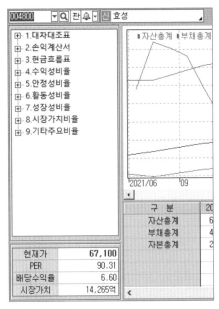

그림 5-16 **효성 자료**

앞에서 확인한 것처럼 PER이 10이 넘고 DIV(배당수익률)가 2%가 넘으면서 이동평균선이 정배열로 상승 추세를 타고 있습니다. 또한, 볼린저 밴드의 중심선과 하단 밴드 사이에 자리하여 과매수도 아닌 주식들을 검색해주는 시스템이 훌륭하게 만들어졌습니다. 이제 이 시스템을 실행 파일인 EXE 파일 형태로 만드는 것을 살펴보겠습니다.

주식 종목 추천 시스템 EXE 파일 만들기

이제 독립적인 실행 파일을 만들어보겠습니다. 이를 통해 만들어진 실행 파일과 ui 파일로 어디서든 프로그램을 실행할 수 있습니다. 앞에서 이미 배운 내용을 복습하면서 진행해보겠습니다.

01 먼저 윈도우 탐색기에서 해당 프로젝트가 있는 위치인 C:\PythonProject 경로로 이동합니다.

02 해당 폴더에 커서를 놓고 ⌈ Shift ⌋ +우클릭을 하면 그림 5-18과 같이 [여기에 PowerShell 창 열기]가 뜹니다. 이것을 클릭하여 PowerShell을 실행합니다.

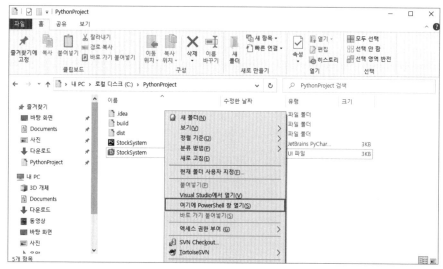

그림 5-17 EXE 파일 생성 위해 PowerShell 실행 방법

03 PowerShell 화면에서 다음 명령어를 입력하고 엔터키를 눌러 실행합니다.

```
pyinstaller --onefile --noconsole StockSystem.py
```

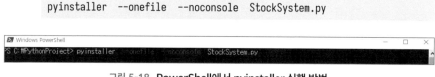

그림 5-18 PowerShell에서 pyinstaller 실행 방법

실행하고 나면 그림 5-19와 같이 성공했다는 출력이 뜨고 dist라는 폴더에 StockSystem.EXE 파일이 생성되어 있는 것을 확인할 수 있습니다.

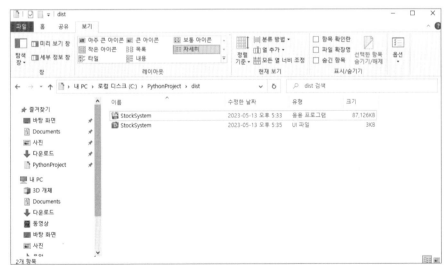

```
Windows PowerShell                                                                    —  □  ×
51066 INFO: Building because toc changed
51067 INFO: Building PYZ (ZlibArchive) C:\PythonProject\build\StockSystem\PYZ-00.pyz
54253 INFO: Building PYZ (ZlibArchive) C:\PythonProject\build\StockSystem\PYZ-00.pyz completed successfully.
54313 INFO: checking PKG
54340 INFO: Building because toc changed
54341 INFO: Building PKG (CArchive) StockSystem.pkg
01220 INFO: Building PKG (CArchive) StockSystem.pkg completed successfully.
01277 INFO: Bootloader d:\python\python38-32\lib\site-packages\PyInstaller\bootloader\Windows-32bit\runw.exe
01278 INFO: checking EXE
01312 INFO: Building because icon changed
01313 INFO: Building EXE from EXE-00.toc
01319 INFO: Copying bootloader EXE to C:\PythonProject\dist\StockSystem.exe.notanexecutable
01513 INFO: Copying icon to EXE
01528 INFO: Copying icons from ['d:\\python\\python38-32\\lib\\site-packages\\PyInstaller\\bootloader\\images\\icon-win
lowed.ico']
01620 INFO: Writing RT_GROUP_ICON 0 resource with 104 bytes
01621 INFO: Writing RT_ICON 1 resource with 3752 bytes
01623 INFO: Writing RT_ICON 2 resource with 2216 bytes
01623 INFO: Writing RT_ICON 3 resource with 1384 bytes
01624 INFO: Writing RT_ICON 4 resource with 38188 bytes
01625 INFO: Writing RT_ICON 5 resource with 9640 bytes
01626 INFO: Writing RT_ICON 6 resource with 4264 bytes
01628 INFO: Writing RT_ICON 7 resource with 1128 bytes
01632 INFO: Copying 0 resources to EXE
01632 INFO: Embedding manifest in EXE
01634 INFO: Updating manifest in C:\PythonProject\dist\StockSystem.exe.notanexecutable
01731 INFO: Updating resource type 24 name 1 language 0
01736 INFO: Appending PKG archive to EXE
01878 INFO: Fixing EXE headers
13077 INFO: Building EXE from EXE-00.toc completed successfully.
S C:\PythonProject>
```

그림 5-19 PowerShell을 통해서 EXE 파일 만드는 과정

이어서 앞서 만든 StockSystem.ui 파일도 dist 폴더에 같이 넣습니다.

그림 5-20 최종 생성된 EXE 파일과 UI 파일

이제 만들어진 EXE 파일과 UI 파일을 복사하여 같은 폴더 위치에 두기만 하면 어느 플랫폼의 컴퓨터라도 해당 파일이 문제없이 돌아갑니다. StockSystem.exe를 클릭하여 실행하면 앞의 과정과 같이 PyCharm의 편집창에서 StockSystem.py를 실행할 필요 없이 똑같은 프로그램이 바로 실행됩니다.

5.2 암호화폐 종목 추천 시스템 만들기

암호화폐의 경우 현재 주식에서와 같은 펀더멘털 지표(PER, PBR, DIV 등)에 대한 데이터를 찾기 힘든 상황이므로 가격에 대해서만 매수 조건을 판단할 수 있을 것으로 보입니다. 따라서 펀더멘털 지표 부분은 빼고 나머지 부분은 비슷하게 진행해보려고 합니다. 이동평균선은 암호화폐의 경우 휴일이 없으므로 일주일의 영업일이 5일인 주식과 달리 7일로 적용하도록 하겠습니다. 마찬가지로 20일은 30일, 60일은 90일로 변경하여 진행합니다.

여기서는 2023년 기준 국내 거래량 1위 코인 거래소인 업비트에 상장된 코인들의 리스트를 받아 종가에 대한 데이터를 먼저 구합니다. 그리고 종가를 통해서 7일, 30일, 90일 이동평균선을 구해서 정배열 종목들을 1차로 필터링합니다. 마지막으로 종가를 통해서 볼린저 밴드를 구하고, 현재 주가가 볼린저 밴드의 상단 아래에 있는 종목들을 2차로 필터링하여 최종 매수 추천 종목을 골라주는 시스템을 만들어보겠습니다. 그럼 암호화폐 추천 시스템을 구현하기 전에 구체적인 목표부터 정해보겠습니다.

시스템 구현 목표 정하기

다음과 같이 요건을 정하고 개발 절차를 생각해보도록 하겠습니다.

암호화폐 종목 추천 시스템 요건

1. 추천 종목 결과를 보여주는 출력창, 암호화폐 검색실행 버튼을 포함하고 있는 UI를 만든다.

2. 업비트에 상장된 코인에 대한 리스트를 구한다.

3. 해당 코인들에 대해서 1년 치의 OHLCV(시가, 고가, 저가, 종가, 거래량)를 구한다.

4. 종가 데이터를 바탕으로 이동평균선을 구하고 7일, 30일, 90일 이동평균선이 정배열을 이루는 종목을 고른다.

5. 종가 데이터를 바탕으로 볼린저 밴드를 구하고 주가가 볼린저 밴드 상단 아래에 있는 종목을 고른다.

6. 위 4, 5번의 두 가지 조건에 맞는 암호화폐를 골라서 매매 신호를 주도록 한다.

앞에서도 설명하였지만 1차로 이동평균선이 정배열을 이루는 종목은 상승 추세를 나타내는 지표입니다. 2차로 볼린저 밴드의 상단 아래에 있는 종목을 고르는 것은 과매수가 아닌 종목을 고르기 위한 지표인데, 앞서 살펴본 주식에서는 중심선과 하단 사이에 있는 종목을 고르게 구성하였습니다. 하지만 코인의 경우 경험상 급등하는 경우가 많아 이동평균선이 상승 추세를 보여주면서 볼린저 밴드의 중심선과 하단 사이에 위치한 것을 찾기가 쉽지 않았습니다. 따라서 좀 더 범위를 넓히기 위해 밴드 상단의 아래에 있는 종목들을 고르도록 조건을 수정하였습니다.

시스템의 개발 과정은 앞서 배운 바와 같이 다음과 같은 절차로 반복해서 진행해 보겠습니다.

1. 시스템의 목적에 맞는 UI 만들기

2. UI의 변숫값을 코드에 연결하는 것까지 포함한 챗GPT 질문 만들기

3. 챗GPT를 통해서 만든 코드 분석해보기

4. 구현한 코드 실행해보기

5. EXE 실행 파일 만들기

그럼 앞의 절차대로 진행해보겠습니다.

암호화폐 종목 추천 시스템 UI 만들기

앞의 요건에 따르면 UI에 다음과 같은 것이 필요합니다.

1. 조검 검색 결과를 출력할 곳
2. 실행 버튼

C:\Python\Lib\site-packages\PySide2\designer.exe

위 경로의 designer.exe를 실행하면 그림 5-21과 같은 화면이 나타납니다. 여기서는 Main Window 폼인 기본 폼으로 생성하겠습니다. 특별한 변경 없이 새 폼 화면에서 바로 [생성] 버튼을 클릭합니다.

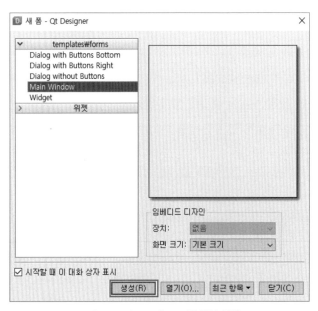

그림 5-21 **Qt Designer 폼 생성 화면**

새 폼이 생성되면 그림 5-22와 같이 다양한 오브젝트를 넣을 수 있는 화면이 나타납니다.

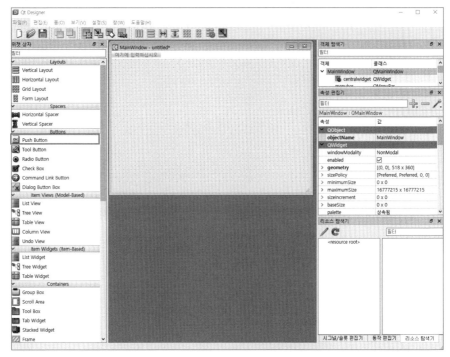

그림 5-22 **Qt Designer** 메인 화면

디자이너에서 새 폼의 사이즈를 적당한 크기로 조절하고, 왼쪽 위젯 상자에서 Text Edit 1개, Push Button 1개를 찾고 클릭 후 끌어서 MainWindow 화면에 놓으면 그림 5-23과 같은 화면이 나타납니다.

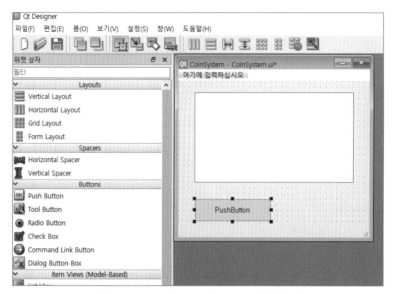

그림 5-23 **Qt Designer PushButton 이름 변경 1**

여기서 각각 이름을 변경하고 싶은 부분을 클릭해서 수정해줍니다. PushButton을
'암호화폐 검색실행'으로 바꿔보겠습니다.

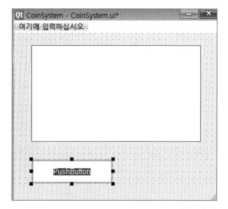

그림 5-24 **Qt Designer PushButton 이름 변경 2**

이때 앞에서 설명한 것과 같이 windowsTitle의 'MainWindow'의 이름은 그림
5-25의 속성 편집기에서 변경해주면 됩니다. 여기선 CoinSystem이라고 설정해보
겠습니다.

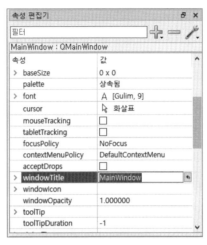

그림 5-25 **속성 편집기**

구현한 최종 화면입니다.

그림 5-26 **구현한 최종 UI**

이제 이 UI 파일을 CoinSystem.ui라는 파일명으로 프로젝트 폴더에 저장합니다. 상단 메뉴에서 [파일] → [다른 이름으로 저장]을 누르면 그림 5-27과 같은 화면이 뜹니다. 경로를 앞에서 지정하였던 파이썬 프로젝트 폴더인 C:\PythonProject로 변경하고 파일 이름을 CoinSystem.ui 로 변경해서 저장합니다.

그럼 이 UI에서 코드와 연결할 변수들을 살펴보겠습니다.

1. 결과 출력 부분

결과 출력 부분을 클릭해보면 textEdit이라는 변수(값)와 연결된다는 것을 알 수 있습니다.

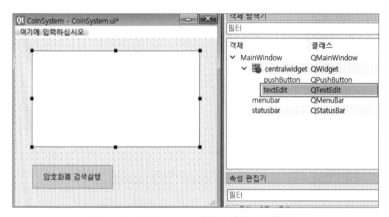

그림 5-27 **Qt Designer 객체의 연결 변수 확인 1**

2. 암호화폐 검색실행 버튼

암호화폐 검색실행 버튼을 클릭해 보면 pushButton이라는 변수와 연결된다는 것을 알 수 있습니다.

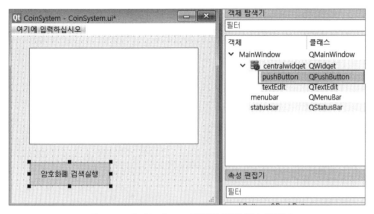

그림 5-28 **Qt Designer 객체의 연결 변수 확인 2**

이제 이 변수들이 앞으로 구현할 파이썬 코드에 연결된다는 것을 숙지하고 다음 절차로 넘어가겠습니다.

UI 연결 변수를 포함한 챗GPT 질문 만들기

앞에서 설정한 UI의 변수를 포함하여 우리가 원하는 시스템을 구현하기 위해 챗 GPT에 적용할 구체적인 질문을 만들어보겠습니다. UI와 연결하는 것을 포함한 모든 코드는 챗GPT가 작성하도록 질문을 구성합니다.

파이썬의 ccxt 패키지를 활용하여 다음 요건에 해당하는 시스템의 파이썬 코드를 만들어주세요.

암호화폐 시스템 요건

1. PyQt5의 QT Designer에서 CoinSystem.ui를 만들어 생성해놓았다.

2. CoinSystem.ui는 결과 출력 부분(textEdit), 그리고 암호화폐 검색실행 버튼 (pushButton)으로 구성되어 있다.

3. 암호화폐 검색실행 버튼을 누르면 아래 조건을 절차대로 진행한다.

4. 업비트에 상장된 원화 기준 코인에 대한 리스트를 구한다.

5. 해당 코인들에 대해서 오늘부터 과거 1년 치의 OHLCV(시가, 고가, 저가, 종가, 거래량)를 구한다.

6. OHLCV의 종가 데이터를 바탕으로 이동평균선을 구하고 7일, 30일, 90일 이동평균선이 정배열을 이루는 종목을 고른다.

7. OHLCV의 종가 데이터를 바탕으로 볼린저 밴드를 구하고 가격이 볼린저 밴드 상단 아래에 있는 종목을 고른다.

8. 위 6, 7번의 두 가지 조건에 맞는 암호화폐의 리스트를 결과 출력 부분(textEdit)에 나타낸다.

챗GPT 질문을 통한 결과 코드

위의 질문을 바탕으로 챗GPT가 도출해낸 결과는 다음과 같습니다.

GPT-3.5

아래는 요구 사항에 맞춰 작성된 파이썬 코드입니다. 코드 실행을 위해서는 ccxt 와 PyQt5 패키지가 설치되어 있어야 합니다. 또한, CoinSystem.ui 파일과 같은 디렉토리에 코드를 저장하셔야 합니다.

```python
import sys
from PyQt5 import QtWidgets, uic
import ccxt
import pandas as pd
import numpy as np

# UI 파일 로드
form_class = uic.loadUiType("CoinSystem.ui")[0]

class CoinSystem(QtWidgets.QMainWindow, form_class):
    def __init__(self):
        super().__init__()
        self.setupUi(self)
        self.pushButton.clicked.connect(self.search_coins)

    def search_coins(self):
```

```python
        # 1. 업비트에 상장된 원화 기준 코인 리스트 가져오기
        exchange = ccxt.upbit()
        markets = exchange.fetch_markets()
        krw_markets = [m for m in markets if m['quote'] == 'KRW']
        symbols = [m['symbol'] for m in krw_markets]

        selected_coins = []

        for symbol in symbols:
            # 2. 코인의 OHLCV 데이터 가져오기
            ohlcv = exchange.fetch_ohlcv(symbol, '1d', limit=365)
            df = pd.DataFrame(ohlcv, columns=['timestamp',
'open', 'high', 'low', 'close', 'volume'])
            df['timestamp'] = pd.to_datetime(df['timestamp'],
unit='ms')

            # 3. 이동평균선 계산
            df['ma7'] = df['close'].rolling(window=7).mean()
            df['ma30'] = df['close'].rolling(window=30).mean()
            df['ma90'] = df['close'].rolling(window=90).mean()

            # 4. 볼린저 밴드 계산
            std = df['close'].rolling(window=20).std()
            df['upper_band'] = df['ma30'] + (std * 2)
            df['lower_band'] = df['ma30'] - (std * 2)

            # 5. 조건에 맞는 코인 선택
            if df['ma7'].iloc[-1] > df['ma30'].iloc[-1] >
df['ma90'].iloc[-1]:
                if df['close'].iloc[-1] < df['upper_band'].
iloc[-1]:
                    selected_coins.append(symbol)

        # 6. 선택된 코인 결과 출력
        self.textEdit.setText("\n".join(selected_coins))

# QApplication 실행
app = QtWidgets.QApplication(sys.argv)
window = CoinSystem()
window.show()
app.exec_()
```

앞서 살펴본 주식 시스템과 같이 UI의 변수와 연결하고 시스템의 목표를 구현해주는 코드를 챗GPT를 통해서 쉽게 얻었습니다. 이제 제대로 작동하는지 확인해보겠습니다.

챗GPT로 받은 코드 실행

앞에서 배웠듯 CoinSystem.py를 새로 만들고 위의 코드를 복사해서 붙여넣기를 합니다. 그리고 편집창에서 마우스 오른쪽 버튼을 클릭하면 [Run 'main']이 나타나는데 이것을 클릭하여 실행해봅니다. 아까 만든 UI 화면이 나타나고 시스템이 실행되는 것을 확인할 수 있을 것입니다. [암호화폐 검색실행] 버튼을 눌러서 실행해보겠습니다.

그림 5-29 **암호화폐 종목 추천 시스템 실행 결과**

TRX(트론)와 KAVA(카바) 두 종목이 나오네요. 실제로 조건에 부합하는 종목인지 확인해보겠습니다.

1. TRX(트론)

그림 5-30의 차트에서 7일선은 빨간색, 30일선은 파란색, 90일선은 분홍색입니다. 따라서 7일선 > 30일선 > 90일선으로 정배열을 이루는 종목이고, 실제로 코인 가격이 볼린저 밴드 상단(맨 위의 검은색 선)의 아래에 위치한다는 것을 알 수 있습니다.

그림 5-30 **트론 차트**

2. KAVA(카바)

그림 5-31의 차트를 보면 마찬가지로 7일선(빨간색) > 30일선(파란색) > 90일선(분홍색)으로 정배열을 이루고 있는데, 30일선과 90일선이 아슬아슬하게 만나서 30일선이 살짝 높은 것을 볼 수 있습니다. 또한, 종가도 아슬아슬하게 볼린저 밴드 상단 아래에 있는 것을 확인할 수 있습니다.

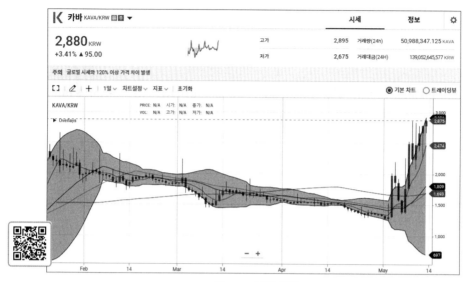

그림 5-31 **카바 차트**

앞에서의 조건을 만족하는 종목들이 반드시 매수하기 좋은 코인을 의미하는 것은
아닙니다. 다만, 챗GPT를 통해 일반적으로 좋다고 여겨지는 조건(이동평균선 정배열,
과매수가 아닌 상태)을 바탕으로 종목을 골라주는 시스템을 쉽게 구현할 수 있다는
것을 독자분들에게 보여주고자 한 것입니다. 만약 본인들만의 전략 조건을 챗GPT
의 질문에 잘 녹이면 그 어떤 시스템이라도 쉽게 구현할 수 있을 것입니다.

그럼 이 시스템을 실행 파일인 EXE 파일 형태로 만드는 것을 살펴보겠습니다.

암호화폐 종목 추천 시스템 EXE 파일 만들기

앞의 내용을 반복하면서 EXE 파일을 만들어보겠습니다.

01 먼저 윈도우 탐색기에서 해당 프로젝트가 있는 위치인 C:\PythonProject
   경로로 이동합니다.

02 해당 폴더에 커서를 놓고 $\boxed{\text{Shift}}$+우클릭을 하면 그림 5-32와 같이 [여기에 PowerShell 창 열기]가 뜹니다. 이것을 클릭하여 PowerShell을 실행합니다.

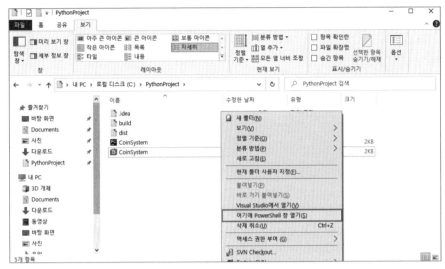

그림 5-32 **PowerShell 실행 방법**

03 이제 PowerShell 화면에서 그림 5-33과 같은 명령어를 입력하고 엔터키를 눌러 실행합니다.

```
pyinstaller --onefile --noconsole CoinSystem.py
```

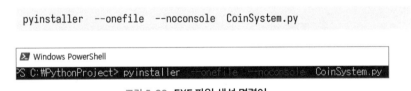

그림 5-33 **EXE 파일 생성 명령어**

실행하고 나면 그림 5-34와 같이 성공했다는 메시지와 함께 dist라는 폴더에 CoinSystem.exe 파일이 생성되어 있는 것을 확인할 수 있습니다.

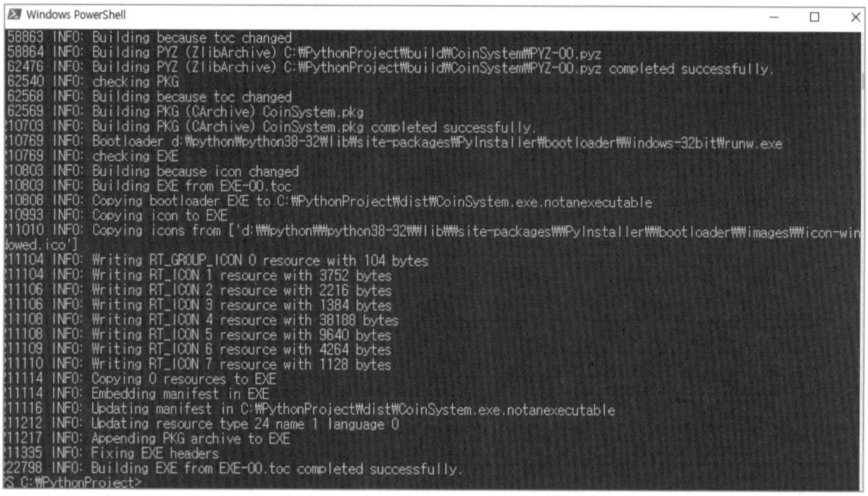

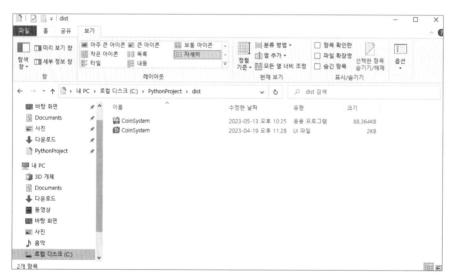

그림 5-34 EXE 생성 실행 결과

이어 앞서 만든 CoinSystem.ui 파일도 dist 폴더에 같이 넣습니다.

그림 5-35 최종 생성된 EXE 파일과 UI 파일

이제 응용 프로그램 파일인 CoinSystem.exe를 클릭하면 앞의 과정과 같이 PyCharm의 편집창에서 CoinSystem.py를 실행할 필요 없이 똑같은 프로그램을 바로 실행할 수 있습니다.

주식, 파생, 채권 중 개인이 수익을 내기 위해서는 어떤 것에 투자해야 하나요?

세 분야를 넘나들면서 느꼈던 점은 그 어떤 것도 쉬운 분야는 없다는 것입니다. 시장 수익률보다 더 나은 수익을 얻기 위해서는 각각에 맞는 전략이 필요하고 이를 실행하기 위한 자금도 충분해야 합니다. 전략과 자금이 뒷받침되지 않는다면 그 어느 쪽에서도 성공적인 투자를 담보하기 힘든 것이 현실입니다.

여기서는 어떤 분야를 특정해서 투자할 것을 권하기보다는 개인들이 간과하기 쉬운 분야별 특징과 변화에 대해 말씀드리고자 합니다.

주식은 최근 많은 개인들이 투자하는 분야라는 점에서 길게 다루지 않도록 하겠습니다. 다만, 최근에는 국내 주식뿐만 아니라 해외 주식도 많이 활성화되어 금융권에서도 주목하는 분야이기도 합니다. 그런 현상을 반영하듯 과거에는 해외 주식의 주가를 실시간이 아니라 10~15분 지연하여 제공했던 것도 최근에는 실시간으로 제공한다는 점, 시간외거래 제공 및 수수료 무료 이벤트 등 개인 투자자들에게 투자하기 좋은 환경이 만들어지고 있습니다.

다만, 활성화되는 해외 주식 투자에서는 환율의 변동성을 간과해서는 안 된다는 것을 명심해야 합니다. 적은 금액으로 투자할 경우 크게 눈에 띄지 않겠지만, 일정 규모 이상을 굴리는 투자자라면 환율의 움직임을 무시해서는 안 될 것입니다. 환율의 변동에 따라 그날의 수익률이 +가 아니라 −로 바뀔 수도 있는 데다가 장기적으로 투자를 한다면 수익률에 미치는 영향도 더욱 커질 수 있기 때문입니다. 따라서 이를 헤지(hedge)하기 위한 수단으로서 달러 선물을 투자 금액에 맞게 매수하는 것도 고려해볼 만한 전략 중 하나입니다.

옵션과 선물로 대표되는 파생상품은 개인이 투자하기 어려운 분야로 여겨집니다. 저 또한 자금력과 투자 경험이 충분하지 않은 개인이 함부로 진입하지 않는 것이 좋다고

생각하는 바입니다. 하나의 계약당 몇 배의 레버리지(leverage) 효과를 내기 때문에 눈으로 보는 것 이상의 자금 변동성을 일으켜 큰 수익을 내기도 하지만 큰 손해를 낼 수도 있습니다.

하지만 헤지 수단으로서의 파생상품 거래는 본인의 자금력과 지식 보유 여부에 따라 고려해볼 만한 전략이기도 합니다. 앞에서 예로 든, 환헤지를 위한 달러 선물 매수와 같이 주식과 같은 현물을 헤지하기 위한 보조 수단으로 사용한다면 보다 안정적인 수익 창출을 이룰 수 있습니다. 다만, 파생상품은 만기가 있으므로 만기 전 롤오버(roll over, 다음 월물로의 전환)를 하지 않으면 청산될 수 있는 특징을 갖고 있으므로 주의해야 합니다.

채권의 경우, 과거에는 기관들만 거래할 수 있는 것으로 여겨질 만큼 큰 자금력이 필요한 데다가 장외거래가 주로 이루어져 개인의 접근성이 떨어지던 분야였습니다. 하지만 최근에는 개인도 채권을 소액으로 거래할 수 있는 장내 채권 거래 시스템이 구축됨에 따라 증권사 HTS(home trading system)를 통해서 거래가 가능해졌습니다.

따라서 주식과 채권을 동시에 담는 포트폴리오의 구성이 개인 투자자에게도 가능해진 것입니다. 개인의 투자 성향에 따라 채권 투자를 통해 쿠폰으로 불리는 이자 수익을 안정적으로 받으면서, 주식 투자 비율을 조정하면 공격적인 포트폴리오 또는 안정적인 포트폴리오 구성이 가능합니다. 그 비율은 각자의 성향, 시장 상황, 운영자금 규모에 따라 모두 제각각일 것입니다.

이와 같이 주식, 파생, 채권의 특징과 투자 환경의 변화를 잘 이해하고 접근한다면 시장 수익률보다 조금이라도 더 나은 수익률을 얻는 데 도움이 될 것입니다.

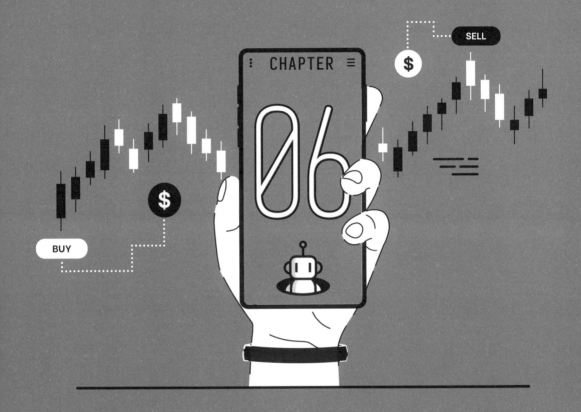

자동매매 시스템
만들기

앞서 배운 내용을 바탕으로 실제로 자동매매를 하는 시스템을 챗GPT로 구현하는 방법을 알아보겠습니다. 자동매매라 함은 말 그대로 정해진 조건에 따라 시스템이 매수와 매도를 자동으로 해주는 시스템을 의미합니다. 이 장에서 구축할 기본적인 자동매매 시스템을 바탕으로 독자분들께서 좀 더 살을 붙이면 보다 구체적이고 전문적인 알고리즘 트레이딩 시스템을 구현할 수 있을 것입니다.

이 장에서는 주식과 암호화폐에 대한 기본적인 자동매매 시스템을 챗GPT로 구현하는 방법을 알아보겠습니다. 주식과 암호화폐를 자동으로 매매하기 위해서는 각 증권사 및 코인 거래소에서 계좌를 개설하고 제공하는 API에 대한 사용법을 알고 있어야 합니다. **API**application programming interface는 증권사나 코인 거래소에서 제공하는 프로그래밍 인터페이스입니다. 이 API를 통해서 각 회사에서 제공해주는 데이터에 접근이 가능하며 HTS를 통하지 않고도 이곳에서 바로 주문이 가능합니다.

API가 정확히 무엇인가요?

API는 애플리케이션 간 상호작용을 위한 프로그래밍 인터페이스이자, 소프트웨어 컴포넌트나 서비스가 다른 소프트웨어와 상호작용하는 데 사용되는 규약으로, 소프트웨어 개발에서 기능을 제공하고 다른 개발자가 이를 사용할 수 있도록 돕습니다. 일반적으로 API는 개발자가 다른 소프트웨어와 통신하고 상호작용할 수 있도록 함수, 프로토콜, 클래스, 라이브러리 등을 제공하여 개발 프로세스를 단순화하고 효율적으로 만들어줍니다.

API를 사용하면 개발자는 다른 개발자가 작성한 코드를 다시 작성할 필요 없이, 외부 서비스의 기능을 직접 호출하고 사용할 수 있습니다. 예를 들어, 소셜 미디어 플랫폼의 API를 사용하면 사용자 인증, 프로필 정보 가져오기, 게시물 작성 등과 같은 작업을 손쉽게 수행할 수 있습니다. 또한, API는 다른 애플리케이션과의 데이터 교환을 위한 표준화된 방법을 제공합니다. 이를 통해 서로 다른 시스템 간에 데이터를 주고받을 수 있고, 서로의 기능을 조합하여 더 큰 시스템이나 애플리케이션을 구축할 수 있습니다.

API는 웹 API, 라이브러리 API, 운영체제 API 등 다양한 형태로 사용할 수 있습니다. 웹 API는 웹 서비스를 제공하는 서버와 통신하기 위한 인터페이스로, 클라이언트 애플리케이션이 서버의 기능을 활용할 수 있습니다. 라이브러리 API는 프로그래밍 언어나 플랫폼에서 제공하는 함수와 클래스 등의 집합으로, 개발자가 해당 라이브러리의 기능을 사용할 수 있는 기능을 제공합니다. 운영체제 API는 운영체제 기능에 접근하기 위한 인터페이스로, 시스템 자원에 접근하고 애플리케이션을 관리하는 데 사용합니다.

요약하면 API는 소프트웨어 간 상호작용을 위한 규약이며, 개발자가 다른 소프트웨어의 기능을 호출하고 사용할 수 있도록 돕는 인터페이스입니다.

이 책에서는 대중적으로 많이 쓰는 증권사인 키움증권과 업비트의 API를 사용하여 시스템을 만드는 방법을 살펴보겠습니다. 앞에서 우리는 파이썬 64비트 버전을 사용했습니다. 그러나 증권사나 코인 거래소의 API는 32비트 기반의 시스템이므로 이를 사용하기 위해선 파이썬 32비트 버전을 써야 합니다. 앞의 내용 복습 겸 간단히 파이썬 32비트 버전을 설치하는 법을 알아보겠습니다.

6.1 파이썬 32비트 버전 설치

01 먼저 https://www.python.org/downloads/release/python-387/에서 Windows Installer 32bit 버전을 다운로드하고, python-3.8.7.EXE 파일을 실행하면 그림 6-1과 같은 화면이 나타납니다.

그림 6-1 **파이썬 설치 화면 1**

02 [Add Python 3.8 to PATH]를 선택하고 [Customize installation]을 눌러
실행합니다.

그림 6-2 **파이썬 설치 화면 2**

03 그림 6-2의 화면이 뜨면 [Next] 버튼을 클릭합니다.

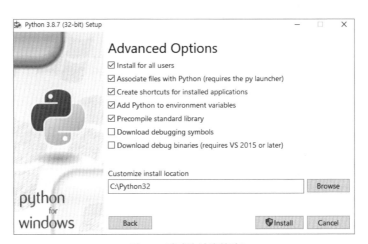

그림 6-3 **파이썬 설치 화면 3**

04 그림 6-3에서 [Install for all users]를 선택하고 'Customize install location'의 주소를 앞의 64비트 버전의 주소인 C:\Python과 구별하기 위해서 'C:\Python32'로 수정한 후 [Install] 버튼을 클릭합니다.

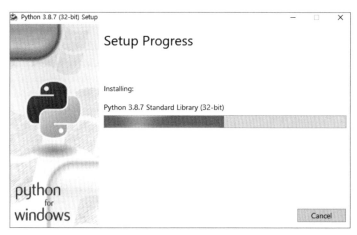

그림 6-4 **파이썬 설치 화면 4**

05 그림 6-4와 같은 화면이 나타나고 설치를 시작합니다.

그림 6-5 **파이썬 설치 화면 5**

설치가 끝났습니다. 그림 6-5의 화면에서 [Close]를 클릭합니다.

이제 PyCharm에서 32비트 버전의 파이썬을 설정하는 법을 알아보겠습니다. 이때 증권사 API나 암호화폐 거래소 API는 PyCharm을 **관리자 모드**로 실행해야 제대로 동작하는 경우가 많으니, PyCharm 실행 아이콘을 우클릭해서 꼭 관리자 권한으로 실행해야 한다는 점을 숙지하기 바랍니다.

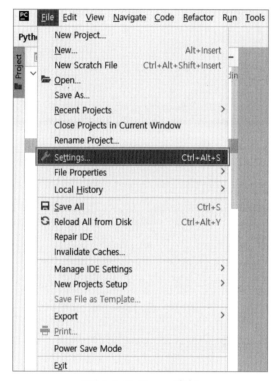

그림 6-6 **PyCharm 세팅 1**

그림 6-6과 같이 PyCharm 상단 메뉴의 'File'을 클릭해서 'Settings'를 선택하면 그림 6-7과 같이 기존 64비트 버전의 파이썬이 연결되어 있는 것을 볼 수 있습니다.

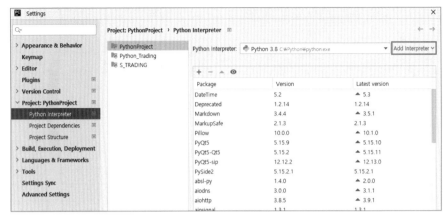

그림 6-7 PyCharm 세팅 2

그림 6-8에서 오른쪽 상단의 [Add Interpreter]를 눌러 [Add Local Interpreter]를 선택합니다.

그림 6-8 PyCharm 세팅 3

그러면 그림 6-9와 같은 화면이 나옵니다.

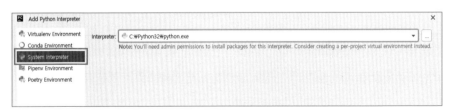

그림 6-9 PyCharm 세팅 4

그림 6-9의 왼쪽 목록에서 [System Interpreter]를 선택하고 조금 전에 파이썬 32비트 버전을 설치한 경로인 C:\Python32\python.exe를 인터프리터로 선택합니다. 그러면 그림 6-10과 같이 32비트 버전이 잘 연결되어 있는 것을 볼 수 있습니다.

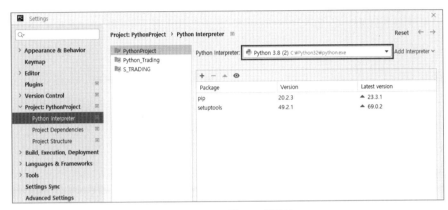

그림 6-10 PyCharm 세팅 5

만약 다시 64비트 버전으로 바꾸고 싶으면 그림 6-11과 같이 [Python 3.8 (2)]를 [Python 3.8]로 바꿔주면 됩니다.

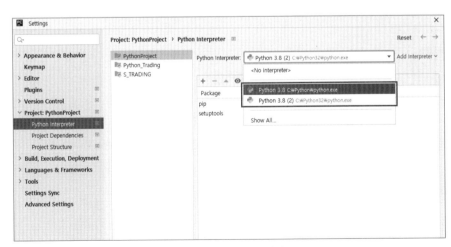

그림 6-11 PyCharm 세팅 6

이 책에서 파이썬 64비트를 기본적으로 쓰는 이유는 텐서플로 등의 머신러닝 툴이 64비트에서만 돌아가며, 32비트는 프로그램의 메모리 사용량에 제한이 있기 때문입니다. 더 자세히 설명하자면 32비트 파이썬과 32비트 앱은 일반적으로 한 번에 4GB의 메모리만 이용할 수 있고, 64비트 애플리케이션에는 이러한 제한이 없으므로 파이썬용으로 나온 많은 데이터 분석 및 머신러닝 툴이 64비트 버전에서 더 원활하게 작동합니다. 따라서 기본적으로는 64비트 버전을 쓰고 API를 사용하는 특수한 경우에만 32비트를 쓰는 것이 좋습니다. 32비트 버전에도 64비트 버전과 같이 텐서플로를 제외한 필수 패키키를 설치하면 됩니다. 텐서플로는 32비트 버전이 없기 때문에 설치되지 않습니다. 앞에서 했던 것처럼 다음과 같이 윈도우 명령 프롬프트에서 설치합니다.

```
pip install pyinstaller
pip install pykrx
pip install ccxt
pip install pyqt5
pip install pyside2
pip install matplotlib
```

6.2 증권사 API 사용 방법

키움증권에 모의투자 계좌를 만들어 실제와 같이 주식 시세를 받고 주문을 내는 방법을 알아보겠습니다. 모의투자로 충분히 연습해본 후 실제 계좌로 넘어가는 것을 추천합니다. 여기서 만든 시스템을 모의투자에서 실제 계좌의 투자로 바꾸는 방법은 인터넷 검색이나 증권사 고객센터를 통해서 쉽게 알 수 있으니 생략하겠습니다.

01 kiwoom.com에서 회원 가입 및 로그인을 합니다. 이때 Open API를 사용하려면 반드시 실계좌가 있는 ID가 필요하므로 준회원 가입이 아니라 계좌 개설을 포함한 정회원 가입을 해야 합니다. 이미 계좌가 있거나 회원 가입이 되어 있는 상태라면 그대로 로그인하면 됩니다.

02 그림 6-1과 같이 [전체메뉴] → [모의투자] → [상시 모의투자] → [주식/선물옵션]의 [상시 모의투자]를 클릭합니다.

그림 6-12 **키움증권 모의투자 셋업 1**

그림 6-13과 같은 화면이 나오면 '국내주식'을 클릭하고 나머지 입력 사항을 확인하여 참가 신청을 합니다.

그림 6-13 키움증권 모의투자 셋업 2

03 키움 홈페이지에서 영웅문이라는 홈트레이딩 시스템(KiwoomHero4Setup.
exe)을 다운로드받아 설치합니다. 설치를 마친 후 실행하면 그림 6-14와 같
이 로그인 화면이 뜨는데 오른쪽의 '모의투자'를 선택하고 로그인합니다.

그림 6-14 키움증권 모의투자 셋업 3

로그인하면 그림 6-15와 같이 모의투자 시스템이 나타나고 모의투자 계좌 번호가 제대로 보이는 것을 알 수가 있습니다. 이때 모의투자 비밀번호는 0000으로 초기 세팅이 되어 있습니다. 계좌 번호 오른쪽 비밀번호를 입력하는 부분에 '0000'을 입력하고 엔터키를 누르면 모의 계좌에 예수금이 있는 것을 확인할 수 있습니다.

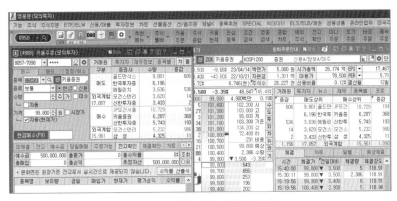

그림 6-15 키움증권 모의투자 셋업 4

이제 모의투자를 할 준비는 마쳤으니 Open API와 연동하는 방법까지 알아보겠습니다. 그림 6-16의 화면에서 [전체메뉴] → [고객서비스] → [다운로드] → [Open API] → [키움 Open API+]를 차례대로 클릭합니다.

Q ✕ 메뉴닫기 계좌개설 다운로드 인증센터 MY키움 이벤트		키움증권	주식주문 (웹트
MY키움	계좌개설안내	이용가이드	공지사항	고객 게시판
AI 자산관리			
금융상품	조건검색 게시판	영웅문 글로벌 게시판	인증센터	다운로드
국내투자			공동인증서 +	주문매체안내
해외투자			OTP +	Open API -
모의투자				· 키움 Open API+ 🔒
투자정보	이벤트	키움금융센터	전자금융사기 예방 서비스	· 해외파생 Open API 🔒
뱅킹/업무	이벤트 전체보기	금융센터 안내		금융사고예방
고객서비스 >	당첨자 발표	고객응대 직원보호		보안소식
	이벤트 FAQ	ARS 서비스 +		금융사기예방 +
	MY 이벤트	원격지원 서비스 +		
		채팅상담서비스 +		
		1:1 원격교육		

그림 6-16 키움증권 API 셋업 화면 1

그림 6-17과 같은 화면이 나오면 [키움 Open API+ 모듈 다운로드]를 통해서 파일 (OpenAPISetup.exe)을 다운로드하고 설치를 합니다. 그런 다음 [서비스 사용 등록/해지]란에서 서비스 사용 등록 절차대로 API 사용 등록을 합니다.

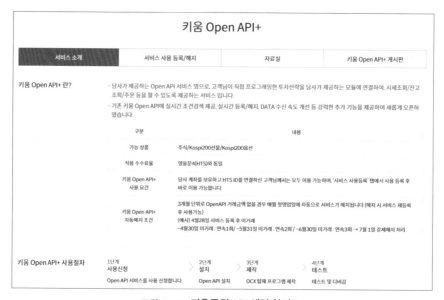

그림 6-17 키움증권 API 셋업 화면 2

위의 절차대로 Open API 사용 등록까지 완료하였으면 이제 API로 주식 주문을 비롯한 간단한 테스트를 진행할 수 있습니다.

자, 이제 증권사 Open API가 제대로 작동하는지 확인해보겠습니다. 키움증권의 API를 파이썬에서 쉽게 활용하려면 `pykiwoom`라는 모듈을 사용하는 것이 좋습니다. 앞에서 쭉 설명한 것과 같은 방법인 `pip install pykiwoom`의 명령어로 설치합니다.

드디어 챗GPT가 나설 차례입니다. 키움증권 모의 계좌에서 100만 원의 가치에 해당하는 만큼 삼성전자 주식을 매수하는 파이썬 코드를 작성해달라고 해보겠습니다.

```python
from pykiwoom.kiwoom import Kiwoom

# Kiwoom 객체 생성
kiwoom = Kiwoom()

# 로그인
kiwoom.CommConnect()

# 로그인 이벤트 대기
while not kiwoom.GetConnectState():
    pass

# 계좌 정보 가져오기
account_number = kiwoom.GetLoginInfo("ACCNO")
account_number = account_number.split(';')[0]  # 첫 번째 계좌 사용

# 삼성전자 종목코드 가져오기
samsung_code = kiwoom.GetCodeListByMarket('0')  # '0'은 코스피 시장 코드
samsung_code = [code for code in samsung_code if '005930' in code][0]
```

챗GPT에 질문을 입력한 화면

pykiwoom 모듈을 이용하여 100만 원의 가치에 해당하는 삼성전자 주식을 지정가
인 7만 원으로 매수해주는 파이썬 코드를 작성해주세요.

GPT-3.5

 pykiwoom 모듈을 사용하여 삼성전자를 7만 원의 지정가로 매수하는 파이썬
코드를 작성해보겠습니다. 먼저, pykiwoom 모듈을 설치하고 적절한 계좌 정보
를 설정해야 합니다. 아래는 예시 코드입니다.

```
from pykiwoom.kiwoom import Kiwoom

# Kiwoom 객체 생성
kiwoom = Kiwoom()

# 로그인
```

```python
kiwoom.CommConnect()

# 로그인 이벤트 대기
while not kiwoom.GetConnectState():
    pass

# 계좌 정보 가져오기
account_number = kiwoom.GetLoginInfo("ACCNO")
account_number = account_number.split(';')[0]  # 첫 번째 계좌
사용

# 삼성전자 종목 코드 가져오기
samsung_code = kiwoom.GetCodeListByMarket('0')  # '0'은 코스피
시장 코드
samsung_code = [code for code in samsung_code if '005930' in
code][0]

# 주문 가격과 수량 설정
order_price = 70000  # 매수 주문 가격
order_quantity = 1000000 // order_price  # 100만 원을 주문
가격으로 나눈 수량

# 주문 매수
kiwoom.SendOrder(
    "주식매수",
    "0101",
    account_number,
    1,  # 매수
    samsung_code,
    order_quantity,
    order_price,
    "00",
    ""
)
```

이 코드는 pykiwoom을 사용하여 100만 원의 가치에 해당하는 삼성전
자 주식을 7만 원으로 지정가 매수하는 예제입니다. 코드를 실행하기 전에
pykiwoom 모듈을 설치하고, Kiwoom 로그인을 위한 계정 정보를 설정해야 합
니다. 또한, 실제 주식 거래를 시도하기 전에 주식 거래 시스템을 이해하고 주의
사항을 숙지하기 바랍니다.

그럼, 챗GPT가 생성한 코드를 한번 실행해보겠습니다. 이때 API 관련 코드를 제대로 실행하기 위해서는 반드시 Pycharm의 실행 아이콘에서 마우스 오른쪽 버튼을 클릭하여 관리자 모드로 들어가야 합니다. 이 코드를 실행하면 그림 6-18과 같은 로그인 창이 뜨는데, 로그인 ID와 비밀번호를 입력하고 [로그인] 버튼을 클릭합니다.

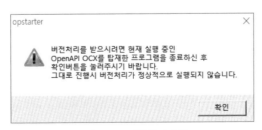

그림 6-18 Open API 로그인 화면

간혹 그림 6-19와 같은 창이 뜨는 경우가 있는데, 이는 버전 처리가 제대로 되지 않아서 발생하는 API 버전 업데이트 오류입니다. 이 문제를 해결하기 위해서는 영웅문 HTS를 종료 후 C:\OpenAPI\ 경로에 있는 opversionup.exe 파일을 다시 실행하면 됩니다.

그림 6-19 버전 처리 오류

이제 챗GPT가 생성한 코드를 실행해보니 코드에 오류가 있는지 다음과 같은 오류 메시지가 나타납니다.

```
Traceback (most recent call last):
  File "D:\S_TRADING\Python_Trading\StockGhatGPT.py", line 15, in <module>
    account_number = account_number.split(';')[0]  # 첫 번째 계좌 사용
AttributeError: 'list' object has no attribute 'split'
```

이 오류를 그대로 챗GPT 질문 창에 입력하고 결과를 확인해보겠습니다.

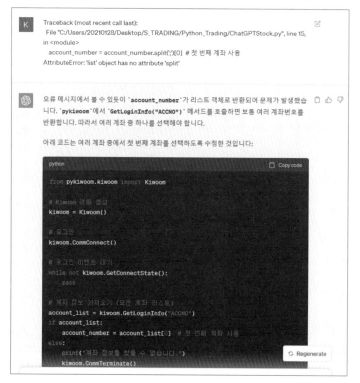

챗GPT에 코드 오류를 입력한 화면

Traceback (most recent call last): File "C:/Users/20210128/
Desktop/S_TRADING/Python_Trading/챗GPTStock.py", line 15, in
<module> account_number = account_number.split(';')[0] # 첫 번째
계좌 사용 AttributeError: 'list' object has no attribute 'split'

GPT-3.5

 오류 메시지에서 볼 수 있듯이 account_number가 리스트 객체로 반환되어
문제가 발생했습니다. pykiwoom에서 GetLoginInfo("ACCNO") 메서드를 호출
하면 보통 여러 계좌 번호를 반환합니다. 따라서 여러 계좌 중 하나를 선택해야
합니다.

다음 코드는 여러 계좌 중에서 첫 번째 계좌를 선택하도록 수정한 것입니다.

```python
from pykiwoom.kiwoom import Kiwoom

# Kiwoom 객체 생성
kiwoom = Kiwoom()

# 로그인
kiwoom.CommConnect()

# 로그인 이벤트 대기
while not kiwoom.GetConnectState():
    pass

# 계좌 정보 가져오기(모든 계좌 리스트)
account_list = kiwoom.GetLoginInfo("ACCNO")
if account_list:
    account_number = account_list[0]  # 첫 번째 계좌 사용
else:
    print("계좌 정보를 찾을 수 없습니다.")
    kiwoom.CommTerminate()
    exit(1)

# 삼성전자 종목 코드 가져오기
samsung_code = kiwoom.GetCodeListByMarket('0')  # '0'은 코스피
시장 코드
samsung_code = [code for code in samsung_code if '005930' in
```

```
code][0]

# 주문 가격과 수량 설정
order_price = 70000  # 매수 주문 가격
order_quantity = 1000000 // order_price  # 100만 원을 주문
가격으로 나눈 수량

# 주문 매수
kiwoom.SendOrder(
    "주식매수",
    "0101",
    account_number,
    1,  # 매수
    samsung_code,
    order_quantity,
    order_price,
    "00",
    ""
)

print("매수 주문이 체결되었습니다.")
```

그러면 위와 같이 오류까지 수정한 최종 코드가 만들어집니다.

이 코드를 실행해보면 그림 6-20과 같이 계좌 비밀번호를 설정하라는 화면이 나옵니다. 그럼 비밀번호를 등록하는 방법을 알아보겠습니다.

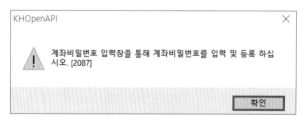

그림 6-20 계좌 비밀번호 등록 전

윈도우10 기준으로 살펴보겠습니다. 그림 6-21와 같이 윈도우 오른쪽 하단에서 '숨겨진 아이콘 표시(∧)'를 클릭합니다.

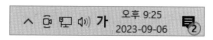

그림 6-21 윈도우 오른쪽 하단

그림 6-22와 같이 숨겨진 아이콘들이 나타날 것입니다.

그림 6-22 숨겨진 아이콘 표시

이때 그림 6-23과 같은 모양의 아이콘에서 마우스 오른쪽 버튼을 눌러 [계좌비밀번호 저장]을 클릭합니다.

그림 6-23 Open API 아이콘

그림 6-24와 같은 화면이 나오면 모의 계좌 비밀번호인 '0000'을 입력 후 [전체계좌에 등록]을 누릅니다. 앞으로 Open API를 실행할 때마다 로그인 ID와 비밀번호를 입력하지 않으려면 왼쪽의 'AUTO'를 체크하고 [닫기] 버튼을 클릭합니다.

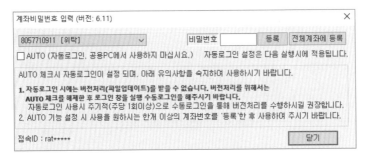

그림 6-24 Open API 비밀번호 저장 화면

이제 다시 위의 코드를 실행해보면 그림 6-25와 같이 실제로 주문이 잘 처리되었음을 확인할 수 있습니다.

그림 6-25 삼성전자 API 주문 파이썬 처리 결과 화면

그림 6-26을 보면 100만 원의 가치에 해당하는 삼성전자 주식을 7만 원에 매수하는 로직을 알아서 계산하여 총 14주를 매수하였습니다.

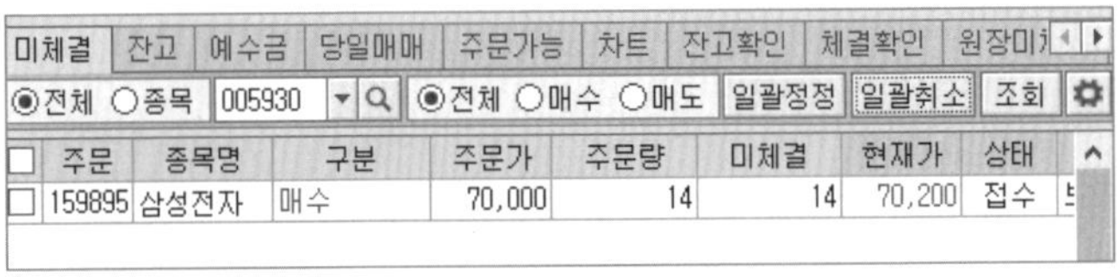

주문	종목명	구분	주문가	주문량	미체결	현재가	상태	
159895	삼성전자	매수	70,000	14	14	70,200	접수	

그림 6-26 키움증권 HTS상 주문 처리 결과

6.3 주식 자동매매 시스템 개발

이제 주식 자동매매 시스템을 챗GPT로 구현하는 방법을 알아보겠습니다. 주식 자동매매라는 용어에 걸맞게 주어진 조건을 모니터링하여 자동으로 주문을 넣는 시스템을 구현해볼 것입니다. 이후 설명할 암호화폐 자동매매 시스템도 같은 절차로 반복적으로 진행하여 챗GPT를 통해 시스템을 만드는 방법을 숙지할 수 있도록 하겠습니다.

시스템 구현 목표 정하기

정해진 조건에 주식을 매수하고 이익이나 손해가 지정한 금액 이상일 때 포지션을 자동으로 청산하는 자동매매 시스템을 구현해보겠습니다.

주식 자동매매 시스템 요건

1. 주식 현재가를 보여주는 부분, 주문실행 버튼, 진입 포지션의 손익을 보여주는 부분, 이익청산기준가 및 손실청산기준가를 입력하는 부분을 포함하고 있는 UI를 만든다.

2. 주식 현재가가 1초마다 화면에 업데이트되도록 구성한다.

3. 주문 버튼을 누르면 100만 원 가치에 해당하는 삼성전자 주식을 현재가로 지정가 매수 주문을 넣는다.

4. 주문 버튼을 눌러서 주문이 이루어지면 진입 포지션의 손익을 나타내는 부분을 1초마다 업데이트하여 보여준다.

5. 삼성전자의 가격이 이익청산기준가 이상이거나 손실청산기준가 이하이면 지정가 매도 주문을 내도록 한다.

시스템의 개발 과정은 다음과 같은 절차로 진행해보겠습니다.

1. 시스템의 목적에 맞는 UI 만들기

2. UI의 변숫값을 코드에 연결하는 것까지 포함하여 챗GPT 질문 만들기

3. 챗GPT를 통해서 만든 코드 분석해보기

4. 만들어진 코드 실행해보기

5. EXE 실행 파일 만들기

자동매매 시스템 UI 만들기

Qt Designer를 사용하여 UI 디자인을 하겠습니다.

C:\Python\Lib\site-packages\PySide2\designer.exe

위 경로의 designer.exe를 실행하면 그림 6-27과 같은 화면이 나타나는데, 여기서
는 Main Window 폼인 기본 폼으로 생성하겠습니다. 특별한 변경 없이 새 폼 화면
에서 바로 [생성] 버튼을 클릭합니다.

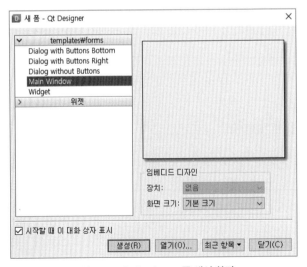

그림 6-27 **Qt Designer 폼 생성 화면**

새 폼을 생성하면 그림 6-28과 같이 다양한 오브젝트를 넣을 수 있는 화면이 나타납니다.

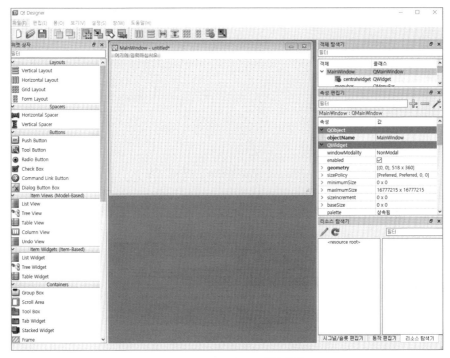

그림 6-28 Qt Designer 메인 화면

디자이너에서 먼저 새 폼의 사이즈를 적당한 크기로 조절합니다. 왼쪽 위젯 상자에서 Push Button, Label, Line Edit를 찾아서 클릭 후 현재가(Line Edit)를 보여주는 부분, 주문실행 버튼(Push Button), 진입 포지션의 손익(Line Edit)을 보여주는 부분, 이익청산기준가(Line Edit)와 손실청산기준가(Line Edit)를 입력하는 부분 및 각 부분의 이름은 Label(TextLabel)로 MainWindow 화면에 배치하면 그림 6-29와 같은 화면이 나타납니다.

그림 6-29 **Qt Designer 기본 UI 생성**

이때 그림 6-30의 속성 편집기에서 MainWindow의 이름을 변경합니다. 여기선 StockTradingSystem이라고 변경해보겠습니다.

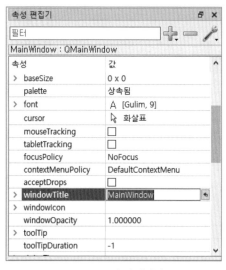

그림 6-30 **속성 편집기**

그림 창의 제목이 StockTradingSystem으로 바뀐 것을 확인할 수 있습니다. 또한, PushButton의 이름도 수정할 수 있습니다. 해당 오브젝트를 클릭하면 그림 6-31과 같이 수정 가능 상태로 바뀝니다.

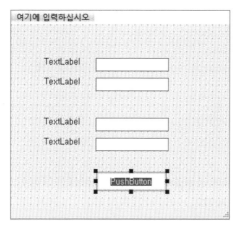

그림 6-31 **Qt Designer Pushbutton 이름 수정**

그림 6-32는 TextLabel 및 PushButton의 이름을 수정한 최종 UI 화면입니다.

그림 6-32 **Qt Designer 최종 수정 UI**

이제 이 UI 파일을 StockTradingSystem.ui라는 파일명으로 프로젝트 폴더에 저장하겠습니다. [파일] → [다른 이름으로 저장]을 누르면 그림 6-33과 같은 화면이 나타납니다.

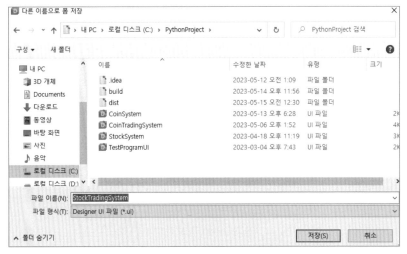

그림 6-33 **Qt Designer UI 파일 저장**

경로를 파이썬 프로젝트 폴더인 C:\PythonProject로 변경하고 파일 이름을 StockTradingSystem으로 변경해서 저장합니다. 이제 이 UI에서 코드와 연결되어 있는 변수들을 살펴보겠습니다.

1. 현재가 출력 부분

현재가 출력 부분을 클릭해보면 lineEdit라는 변수와 연결되어 있다는 것을 알 수 있습니다.

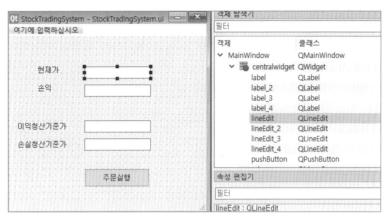

그림 6-34 객체에 연결된 변수 확인 1

2. 손익 출력 부분

손익 출력 부분을 클릭해보면 lineEdit_2라는 변수와 연결되어 있다는 것을 알 수 있습니다.

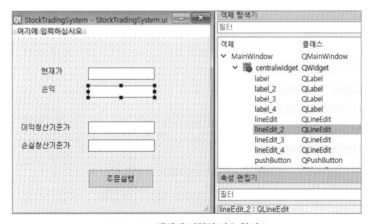

그림 6-35 객체에 연결된 변수 확인 2

3. 이익청산기준가 입력 부분

이익청산기준가 입력 부분을 클릭해보면 lineEdit_3이라는 변수와 연결되어 있다는 것을 알 수 있습니다.

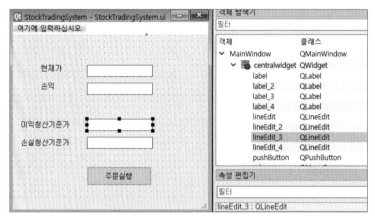

그림 6-36　객체에 연결된 변수 확인 3

4. 손실청산기준가 입력 부분

손실청산기준가 입력 부분을 클릭해보면 lineEdit_4라는 변수와 연결되어 있다는 것을 알 수 있습니다.

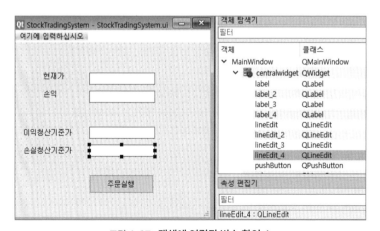

그림 6-37　객체에 연결된 변수 확인 4

5. 주문실행 버튼

주문실행 버튼을 클릭해보면 pushButton이라는 변수와 연결되어 있다는 것을 알
수 있습니다.

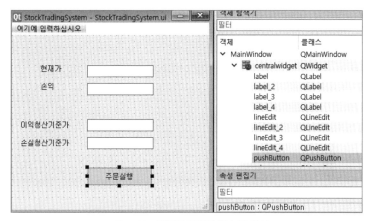

그림 6-38 **객체에 연결된 변수 확인 5**

이 변수들이 앞으로 구현할 파이썬 코드와 연결된다는 것을 숙지하고 다음 절차로
넘어가겠습니다.

UI 연결 변수를 포함한 챗GPT 질문 만들기

이제 이 UI의 변수를 포함하여 우리가 원하는 시스템을 구현하기 위해 챗GPT에
적용할 구체적인 질문을 구성해보겠습니다. UI와 연결하는 것을 포함한 모든 내용
은 챗GPT가 담당하고 우리는 실행만으로 확인할 수 있도록 시스템 요청 질문을
만들어보겠습니다.

pykiwoom 모듈을 사용하여 다음 요건에 해당하는 시스템의 파이썬 코드를 만들어주세요.

주식 자동매매 시스템 요건

1. PyQt5의 QT Designer에서 StockTradingSystem.ui를 만들어 생성해놓았다.

2. StockTradingSystem.ui는 현재가(lineEdit) 출력 부분, 손익(lineEdit_2) 출력 부분, 이익청산기준가(lineEdit_3) 입력 부분, 손실청산기준가(lineEdit_4) 입력 부분, 그리고 주문실행(pushButton) 버튼으로 구성되어 있다.

3. 삼성전자의 현재가를 1초마다 업데이트하여 현재가(lineEdit) 출력 부분에 나타낸다.

4. 주문실행(pushButton) 버튼을 누르면 100만 원의 가치에 해당하는 삼성전자 주식 매수 주문을 넣되 현재가를 지정가로 하여 주문한다.

5. 주문이 이루어지면 진입 포지션의 손익을 보여주는 부분을 1초마다 업데이트하여 손익(lineEdit_2) 출력 부분에 나타낸다.

6. 삼성전자의 현재 가격이 이익청산기준가(lineEdit_3) 입력 부분에서 받은 값 이상이거나 손실청산기준가(lineEdit_4) 입력 부분에서 받은 값 이하이면 지정가 매도 주문을 내도록 한다.

챗GPT 질문을 통한 결과 코드

위의 질문을 바탕으로 챗GPT가 도출해낸 결과는 다음과 같습니다.

GPT-4

```python
import sys
from PyQt5.QtWidgets import QApplication, QMainWindow
from PyQt5.uic import loadUi
from pykiwoom.kiwoom import Kiwoom

class CustomKiwoom(Kiwoom):
    def __init__(self, callback):
        super().__init__()
        self.callback = callback
```

```python
    def OnReceiveRealData(self, code, real_type, data):
        if real_type == "주식체결":
            current_price = abs(int(self.GetCommRealData(code,
10)))
            self.callback(str(current_price))


class StockTradingSystem(QMainWindow):
    def __init__(self):
        super().__init__()
        loadUi("StockTradingSystem.ui", self)

        self.kiwoom = CustomKiwoom(self.update_price)
        self.kiwoom.CommConnect()
        self.account = self.kiwoom.GetLoginInfo("ACCNO")[0]
        self.kiwoom.SetRealReg("1000", "005930", "10", "1")

        self.pushButton.clicked.connect(self.place_order)
        self.ordered = False
        self.holding_qty = 0
        self.entry_price = 0  # 진입 가격

    def update_price(self, price):
        self.lineEdit.setText(price)
        if self.ordered:
            profit_or_loss = (int(price) - self.entry_price) *
self.holding_qty
            self.lineEdit_2.setText(str(profit_or_loss))

            profit_target = int(self.lineEdit_3.text())
            loss_target = int(self.lineEdit_4.text())
            if int(price) >= profit_target or int(price) <=
loss_target:
                self.sell_stock(self.holding_qty)
                self.ordered = False
                self.holding_qty = 0
                self.entry_price = 0

    def place_order(self):
        current_price = int(self.lineEdit.text())
        if current_price > 0:  # 예외 처리 추가
```

```
                qty = 1000000 // current_price
                self.buy_stock(qty)
                self.holding_qty = qty
                self.entry_price = current_price
                self.ordered = True

    def buy_stock(self, qty):
        self.kiwoom.SendOrder("매수주문", "0101", self.account,
1, "005930", qty, 0, "03", "")

    def sell_stock(self, qty):
        self.kiwoom.SendOrder("매도주문", "0101", self.account,
2, "005930", qty, 0, "03", "")


if __name__ == "__main__":
    app = QApplication(sys.argv)
    myWindow = StockTradingSystem()
    myWindow.show()
    app.exec_()
```

이 코드는 CustomKiwoom 클래스를 통해 삼성전자의 현재가를 실시간으로
업데이트합니다. 주문 버튼을 클릭하면 지정된 금액에 해당하는 주식을 매수하
며, 이익청산 및 손실청산 조건을 만족하면 주식을 매도합니다.

이 코드를 제대로 실행하려면 키움 Open API와 문제없이 연동되어야 하며
StockTradingSystem.ui 파일이 해당 디렉토리에 위치해 있어야 합니다.

이 코드를 C:\PythonProject 경로에 StockTradingSystem.py라는 파일로 저장해줍
니다.

챗GPT 스스로 UI의 변수와 연결하고 시스템의 목표를 구현해주는 코드를 작성하
였습니다. 다음 절에서 이 코드가 잘 작동하는지 살펴보겠습니다.

챗GPT로 받은 코드 실행

StockTradingSystem.py에 챗GPT가 만든 코드를 넣고 실행하면 그림 6-39와 같은 화면이 나타납니다.

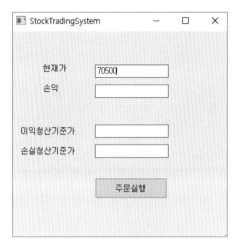

그림 6-39 **주식 자동매매 시스템 실행 화면 1**

시스템이 문제없이 작동하고 현재가를 1초마다 업데이트해주는 것을 확인할 수 있습니다.

주문을 넣기 전 먼저 이익청산기준가와 손실청산기준가를 정합니다. 여기서 이익청산기준가는 70700원, 손실청산기준가는 70300원으로 정하겠습니다. 삼성전자 주식을 현재가인 70500원에 100만 원 가치만큼 매수한 후, 그 가격이 70700원 이상으로 오르면 이익청산을 하고, 70300원 이하로 내려가면 손실청산을 하겠다는 뜻입니다. 매수한 삼성전자 주식을 시스템이 알아서 모니터링하다가 기준 가격에 도달했을 때 제대로 청산하는지 살펴보겠습니다.

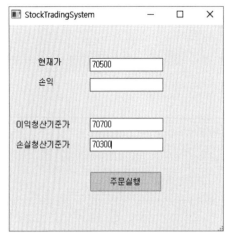

그림 6-40 **주식 자동매매 시스템 실행 화면 2**

각 기준가에 정해진 가격을 넣고 [주문실행] 버튼을 눌러보겠습니다. 삼성전자 주식을 70500원에 14주를 매수하여 100만 원어치 주문하고 손익값도 업데이트되기 시작합니다.

그림 6-41 **주식 자동매매 시스템 실행 화면 3**

HTS로 가서 잔고 화면을 살펴보니 그림 6-42와 같이 실제로 주문이 잘 이루어진 것을 확인할 수 있었습니다.

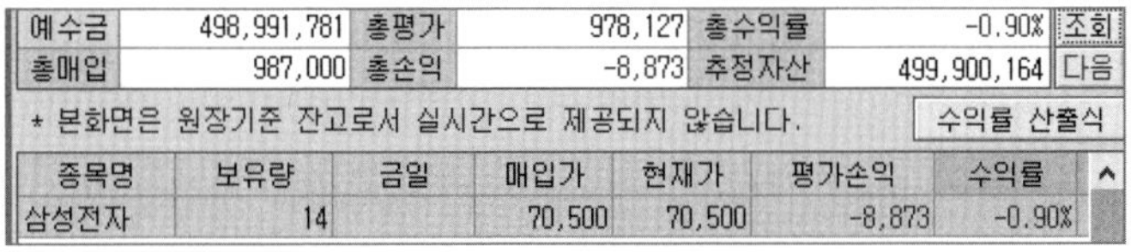

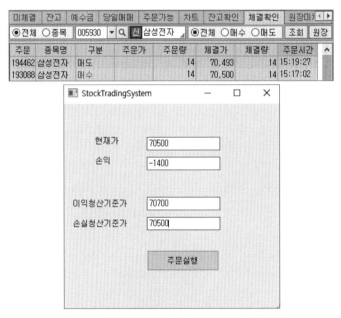

그림 6-42 **삼성전자 거래 내역**

자, 이제 청산 주문도 제대로 이루어지는지 살펴보겠습니다.

그림 6-43 **주식 자동매매 시스템 자동 주문 실행 결과**

바로 청산이 되도록 손실청산기준가를 70300에서 70500원으로 올려보았습니다. 그림 6-43과 같이 바로 청산이 되는 것을 확인할 수 있습니다. HTS의 체결 확인 창을 살펴보니 역시 주문이 잘 실행된 것을 확인할 수 있었습니다.

지금까지 챗GPT를 사용하여 주식 자동매매 시스템을 실제로 구현하는 것을 살펴보았습니다.

자동매매 시스템 EXE 파일 만들기

이제 어떤 환경에서도 잘 실행될 수 있도록 독립적인 실행 파일을 만들어보겠습니다. 이를 통해 만들어진 실행 파일과 ui 파일로 어디서든 프로그램을 실행할 수 있습니다. 앞에서 배운 내용을 반복하여 복습하면서 진행하도록 하겠습니다.

01 먼저 윈도우 탐색기에서 해당 프로젝트가 있는 위치인 C:\PythonProject 경로로 이동합니다.

02 해당 폴더에 커서를 놓고 ⌈Shift⌋+우클릭을 하면 그림 6-44와 같은 화면이 나타납니다. 그림 6-44에서 [여기에 PowerShell 창 열기]를 클릭하여 PowerShell을 실행합니다.

그림 6-44 PowerShell 실행

03 PowerShell 화면에서 그림 6-45의 명령어를 입력하고 엔터키를 눌러 실행합니다.

```
pyinstaller --onefile --noconsole StockTradingSystem.py
```

그림 6-45 **EXE 생성 명령어**

이 명령어를 실행하면 그림 6-46과 같이 성공했다는 메시지가 나타나고 dist라는 폴더에는 StockTradingSystem.exe 파일이 생성되어 있는 것을 확인할 수 있습니다.

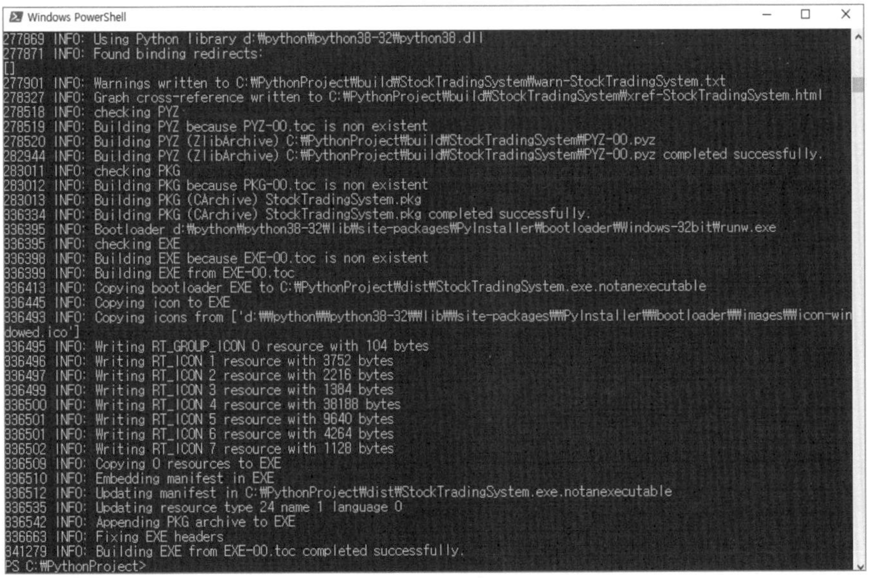

그림 6-46 **EXE 생성 실행 결과**

앞서 만든 StockTradingSystem.ui 파일도 dist 폴더에 같이 넣습니다.

그림 6-47 **최종 생성 EXE 및 UI 파일**

이제 이 EXE 파일과 UI 파일을 복사하여 같은 폴더 위치에 두기만 하면 어느 플랫폼의 컴퓨터라도 해당 파일이 잘 실행될 것입니다. StockTradingSystem.exe를 클릭하여 실행해봅니다.

최종적으로 실행한 결과는 그림 6-48과 같습니다.

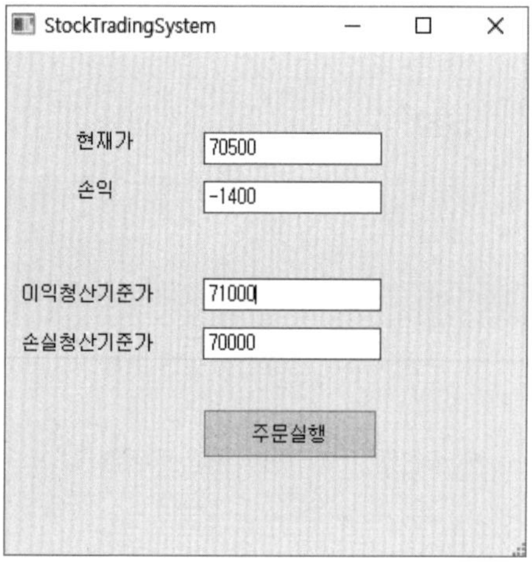

그림 6-48 **최종 생성된 EXE 파일 실행 결과**

챗GPT를 통해 삼성전자 주식의 주문을 실행하여 매수를 하고, 포지션이 있으면 그 포지션을 모니터링하여 자동으로 이익 실현 또는 손절을 해주는 간단한 자동매매 시스템을 쉽게 구현할 수 있습니다.

6.4 업비트 API 사용 방법

01 upbit.com에서 회원 가입 및 로그인을 합니다. 회원 가입의 절차 관련 내용은 인터넷을 검색해보면 쉽게 찾을 수 있으니 이 책에서는 생략하도록 하겠습니다.

02 그림 6-49와 같이 '고객센터'로 이동해서 'Open API 안내' 메뉴로 들어갑니다.

그림 6-49 **업비트 API 셋업 화면 1**

[Open API 사용하기] 버튼을 누르면 그림 6-50과 같이 Open API Key 발급 관련 내용이 나옵니다.

그림 6-50 업비트 API 셋업 화면 2

동의를 하고 [Open API Key 발급받기]를 누르면 그림 6-51과 같이 Open API 관리 창이 나옵니다. 이 화면에서 '자산조회', '주문조회', '주문하기'를 선택하고 자신의 컴퓨터 IP를 확인하여 입력합니다. 여기서는 예시로 '192.168.255.1'을 기입하였습니다.

Open API 관리

Open API Key 관리			디지털 자산 출금주소 관리	
☑ 자산조회	☑ 주문조회	☑ 주문하기	☐ 출금조회	☐ 출금하기
☐ 입금조회	☐ 입금하기			

IP 주소 등록   192.168.255.1

· Open API를 사용하기 위해선 기능 선택과 사용하실 IP 주소를 반드시 입력해야 Open API Key 발급이 가능합니다.
· Open API Key 발급 당시 입력한 IP 주소로만 접속해야 Open API 사용이 가능하며, Key당 최대 5개까지 등록할 수 있습니다.
· Secret key는 최초 1회에 한해 발급되며 추가로 확인하실 수 없으니, 발급받으신 Secret key는 반드시 안전한 곳에 별도로 보관하여 주시기 바랍니다.
· Open API Key 토큰의 유효 기간은 1년이며 연장은 불가합니다. 유효 기간 만료 후 Open API Key를 삭제하고 추가로 발급받아 주시기 바랍니다.
· Open API Key 발급, 수정 및 삭제 시에는 2채널 추가 인증이 필요하며, 필요한 기능의 변경 발생 시에는 하단 Open API Key 관리에서 해당 Key를 삭제하신 뒤 다시 등록해 주시기 바랍니다.

Open API Key 발급받기

그림 6-51 업비트 API 셋업 화면 3

IP를 찾으려면 그림 6-52와 같은 화면에서 오른쪽 상단의 'MY'를 클릭한 후 '마이페이지'에서 [접속 관리] 버튼을 누릅니다.

그림 6-52 업비트 API 셋업 화면 4

그림 6-53의 화면에서 '아이피'를 누르면 IP를 확인할 수 있습니다.

그림 6-53 업비트 API 셋업 화면 5

이제 [Open API Key 발급받기]를 최종적으로 눌러 그림 6-54와 같이 인증을 하라는 창이 나타나면 인증 작업을 진행합니다.

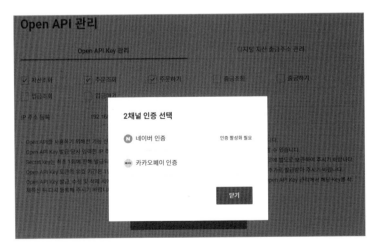

그림 6-54 업비트 API 셋업 화면 6

인증을 최종적으로 마무리하면 그림 6-55와 같이 'Access key'와 'Secret key'가 나올 것입니다. 이것은 우리의 파이썬 코드에 들어가는 내용이므로 반드시 복사해서 메모장이나 저장할 수 있는 다른 파일에 저장해둡니다.

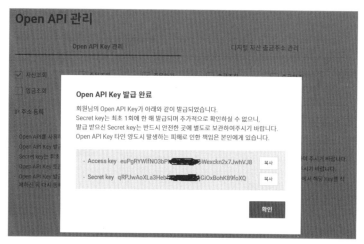

그림 6-55 **업비트 API 셋업 화면 7**

자, 이제 이 업비트 API의 키가 제대로 활성화되었는지 확인해보겠습니다. 업비트의 API를 파이썬에서 쉽게 활용하려면 **pyupbit**라는 모듈을 사용하는 것이 좋습니다. 앞에서 쭉 설명한 것과 같은 방법인 `pip install pyupbit`의 명령어로 설치합니다.

드디어 챗GPT가 나설 차례입니다. 업비트의 계좌에 1만 원 정도 입금하고 비트코인을 5000원의 가치에 해당하는 만큼 매수해달라는 파이썬 코드 작성에 관한 주문을 넣어보겠습니다.

pyupbit 모듈을 이용하여 1만 원의 가치에 해당하는 비트코인을 지정가인 3800만 원으로 매수해주는 파이썬 코드를 작성해주세요.

GPT-4

pyupbit 모듈을 사용하여 1만 원의 가치에 해당하는 비트코인을 지정가인 3800만 원으로 매수하는 파이썬 코드를 작성하겠습니다. 먼저 pyupbit를 설치하고 API 키를 발급받아야 합니다. 발급받은 API 키는 access_key와 secret_key에 저장합니다.

```python
import pyupbit

# 본인의 API 키를 입력합니다.
access_key = "your_access_key"
secret_key = "your_secret_key"

# Upbit API에 로그인합니다.
upbit = pyupbit.Upbit(access_key, secret_key)

# 매수하려는 코인의 티커, 지정가, 매수할 금액을 설정합니다.
ticker = "KRW-BTC"
price = 38000000
amount_to_buy = 10000

# 비트코인을 매수할 수량을 계산합니다.
quantity = amount_to_buy / price

# 지정가 매수 주문을 실행합니다.
order = upbit.buy_limit_order(ticker, price, quantity)

# 주문 결과를 출력합니다.
print(order)
```

위 코드를 실행하면 지정가인 3800만 원으로 1만 원 가치의 비트코인을 매수하는 주문이 실행됩니다. 주문이 정상적으로 이루어지면 주문 정보가 출력됩니다. 만약 주문이 체결되지 않았을 경우 체결되기를 기다리거나 주문을 취소할 수 있습니다.

앞의 코드에서는 예시로 Access key와 Secret key를 넣었는데, 여러분은 앞서 받은 제대로 된 키를 넣으면 됩니다.

실행해보니 그림 6-56과 같은 결과를 보여줍니다.

{'uuid': '8bc96e03-21c7-4ddb-8187-4ec92506239e', 'side': 'bid', 'ord_type': 'limit', 'price': '38000000'

Process finished with exit code 0

그림 6-56 **비트코인 주문 실행 결과**

실제로 업비트 화면을 살펴보면 그림 6-57과 같이 3800만 원의 가격에 1만 원의 가치에 해당하는 비트코인을 매수한 것을 확인할 수 있습니다.

그림 6-57 **업비트 주문 화면**

6.5 암호화폐 자동매매 시스템 개발

이제 본격적으로 암호화폐 자동매매 시스템을 챗GPT로 구현하는 방법을 알아보겠습니다. 암호화폐 자동매매라는 용어에 걸맞게 주어진 조건을 모니터링하여 자동으로 주문을 내주는 시스템을 구현해볼 것입니다. 5장에서와 같은 절차를 반복적으로 진행하여 챗GPT를 통해 시스템을 만드는 방법을 숙지하도록 하겠습니다.

시스템 구현 목표 정하기

정해진 조건에 암호화폐를 매수하고 이익이나 손해가 지정된 금액 이상일 때 포지션을 자동으로 청산하는 자동매매 시스템을 만들어보겠습니다.

암호화폐 자동매매 시스템 요건

1. 비트코인 현재가를 보여주는 부분, 주문실행 버튼, 진입 포지션의 손익을 보여주는 부분, 이익청산기준가 및 손실청산기준가를 입력하는 부분을 포함하고 있는 UI를 만든다.

2. 비트코인 현재가가 1초마다 화면에 업데이트되도록 구성한다.

3. 주문 버튼을 누르면 1만 원 가치에 해당하는 비트코인을 현재가로 지정가 매수 주문을 넣는다.

4. 주문 버튼을 눌러서 주문이 이루어지면 진입 포지션의 손익을 나타내는 부분을 1초마다 업데이트하여 보여준다.

5. 비트코인의 가격이 이익청산기준가 이상이거나 손실청산기준가 이하이면 지정가 매도 주문을 내도록 한다.

시스템의 개발 과정은 앞에서와 마찬가지로 다음과 같은 절차로 진행해보겠습니다.

1. 시스템의 목적에 맞는 UI 만들기

2. UI의 변숫값을 코드에 연결하는 것까지 포함하여 챗GPT 질문 만들기

3. 챗GPT를 통해서 만든 코드 분석해보기

4. 만들어진 코드 실행해보기

5. EXE 실행 파일 만들기

자동매매 시스템 UI 만들기

앞에서 계속 반복한 것과 같이 Qt Designer를 사용하여 UI 디자인을 하겠습니다.

    C:\Python\Lib\site-packages\PySide2\designer.exe

위 경로의 designer.exe를 실행하면 그림 6-58과 같은 화면이 나타나는데, 여기서
는 Main Window 폼인 기본 폼으로 생성하겠습니다. 특별한 변경 없이 새 폼 화면
에서 바로 [생성] 버튼을 클릭합니다.

그림 6-58 **Qt Designer 폼 생성 화면**

새 폼을 생성하면 그림 6-59와 같이 다양한 오브젝트를 넣을 수 있는 화면이 나타납니다.

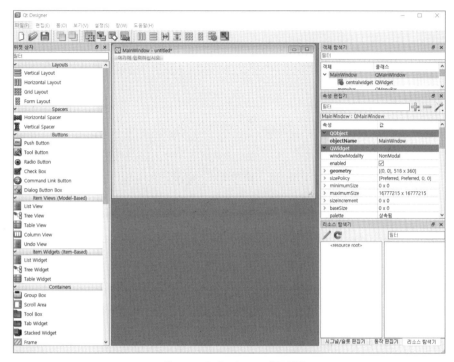

그림 6-59 Qt Designer 메인 화면

디자이너에서 새 폼의 사이즈를 적당한 크기로 조절해주고 왼쪽 위젯 상자에서 Push Button, Label, Line Edit를 찾아서 클릭 후 현재가를 보여주는 부분(Line Edit), 주문실행 버튼(Push Button), 진입 포지션의 손익을 보여주는 부분(Line Edit), 이익청산기준가(Line Edit)와 손실청산기준가(Line Edit)를 입력하는 부분 및 각 부분의 이름은 Label(TextLabel)로 MainWindow 화면에 배치하면 그림 6-60과 같은 화면이 나타납니다.

그림 6-60 Qt Designer 기본 UI 생성

이때 그림 6-61의 속성 편집기에서 MainWindow의 이름을 변경합니다. 여기선
CoinTradingSystem이라고 변경해보겠습니다.

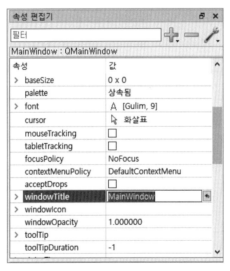
그림 6-61 속성 편집기

그림 6-62와 같이 창의 제목이 CoinTradingSystem으로 바뀐 것을 확인할 수 있습니다. 또한, PushButton의 이름도 수정할 수 있습니다. 해당 오브젝트를 클릭하면 그림 6-62와 같이 수정 가능 상태로 바뀝니다.

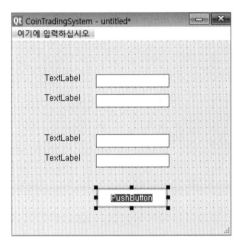

그림 6-62 **Qt Designer PushButton 이름 수정**

그림 6-63은 TextLabel 및 PushButton의 이름을 수정한 최종 UI 화면입니다.

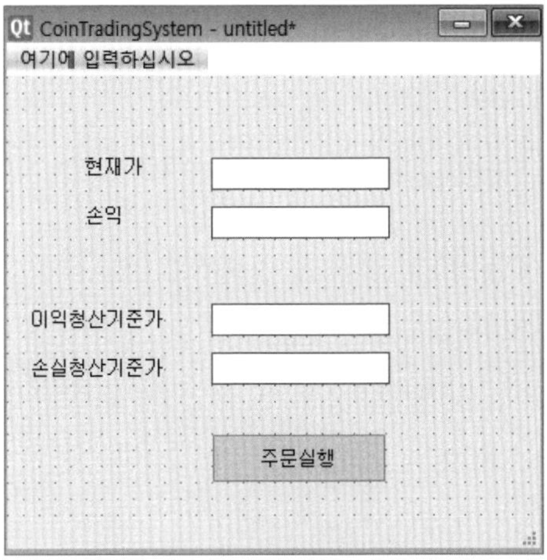

그림 6-63 **Qt Designer 최종 수정 UI**

이제 이 UI 파일을 CoinTradingSystem.ui라는 파일명으로 프로젝트 폴더에 저장하겠습니다. [파일] → [다른 이름으로 저장]을 누르면 그림 6-64와 같은 화면이 나타납니다.

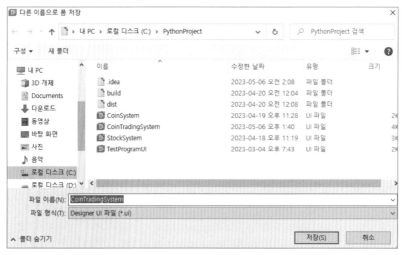

그림 6-64 **Qt Designer UI 파일 저장**

경로를 파이썬 프로젝트 폴더인 C:\PythonProject로 변경하고 파일 이름을 CoinTradingSystem으로 변경해서 저장합니다. 이제 이 UI에서 코드와 연결되어 있는 변수들을 살펴보겠습니다.

1. 현재가 출력 부분

현재가 출력 부분을 클릭해보면 lineEdit라는 변수와 연결되어 있다는 것을 알 수 있습니다.

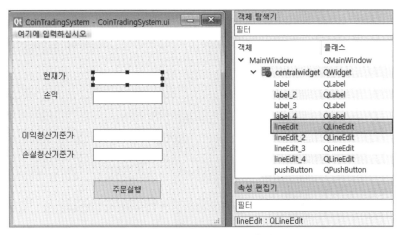

그림 6-65 객체에 연결된 변수 확인 1

2. 손익 출력 부분

손익 출력 부분을 클릭해보면 lineEdit_2라는 변수와 연결되어 있다는 것을 알 수 있습니다.

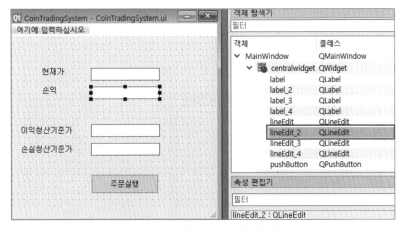

그림 6-66 객체에 연결된 변수 확인 2

3. 이익청산기준가 입력 부분

이익청산기준가 입력 부분을 클릭해보면 lineEdit_3이라는 변수와 연결되어 있다는 것을 알 수 있습니다.

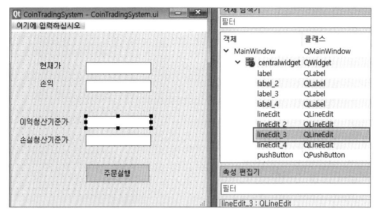

그림 6-67 　객체에 연결된 변수 확인 3

4. 손실청산기준가 입력 부분

손실청산기준가 입력 부분을 클릭해보면 lineEdit_4라는 변수와 연결되어 있다는 것을 알 수 있습니다.

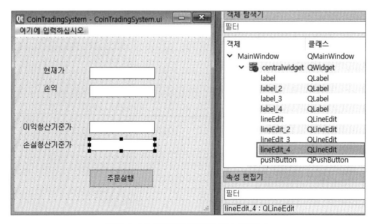

그림 6-68 　객체에 연결된 변수 확인 4

5. 주문실행 버튼

주문실행 버튼을 클릭해보면 pushButton이라는 변수와 연결되어 있다는 것을 알 수 있습니다.

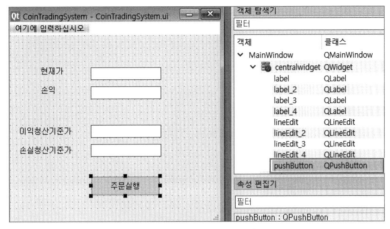

그림 6-69 객체에 연결된 변수 확인 5

이 변수들이 앞으로 구현할 파이썬 코드와 연결된다는 것을 숙지하고 다음 절차로 넘어가겠습니다.

UI 연결 변수를 포함한 챗GPT 질문 만들기

이제 이 UI의 변수를 포함하여 우리가 원하는 시스템을 구현하기 위해 챗GPT에 적용할 구체적인 질문을 만들어보겠습니다. UI와 연결하는 것을 포함한 모든 내용은 챗GPT가 담당하고 우리는 Access key와 Secret key만 입력하면 제대로 작동하도록 시스템 요청 질문을 만들어보겠습니다.

pyupbit 모듈을 사용하여 다음 요건에 해당하는 시스템의 파이썬 코드를 만들어주세요.

암호화폐 자동매매 시스템 요건

1. PyQt5의 QT Designer에서 CoinTradingSystem.ui를 만들어 생성해놓았다.

2. CoinTradingSystem.ui는 현재가(lineEdit) 출력 부분, 손익(lineEdit_2) 출력 부분, 이익청산기준가(lineEdit_3) 입력 부분, 손실청산기준가(lineEdit_4) 입력 부분, 그리고 주문실행(pushButton) 버튼으로 구성되어 있다.

3. 비트코인 현재가를 1초마다 업데이트하여 현재가(lineEdit) 출력 부분에 나타낸다.

4. 주문실행(pushButton) 버튼을 누르면 1만 원의 가치에 해당하는 비트코인 매수 주문을 넣되 현재가를 지정가로 하여 주문한다.

5. 주문이 이루어지면 진입 포지션의 손익을 1초마다 업데이트하여 손익(lineEdit_2) 출력 부분에 나타낸다.

6. 비트코인의 현재 가격이 이익청산기준가(lineEdit_3) 입력 부분에서 받은 값 이상이거나 손실청산기준가(lineEdit_4) 입력 부분에서 받은 값 이하이면 지정가 매도 주문을 내도록 한다.

7. Access key와 Secret key를 입력하는 부분을 만들어 실제로 주문이 일어날 수 있도록 한다.

챗GPT 질문을 통한 결과 코드

위의 질문을 바탕으로 챗GPT가 도출해낸 결과는 다음과 같습니다.

GPT-4

```
import sys
from PyQt5.QtWidgets import QApplication, QMainWindow,
QMessageBox
from PyQt5.QtCore import QTimer
from PyQt5.uic import loadUi
import pyupbit
```

```python
class CoinTradingSystem(QMainWindow):
    def __init__(self, access_key, secret_key):
        super().__init__()
        loadUi("CoinTradingSystem.ui", self)
        self.api = pyupbit.Upbit(access_key, secret_key)

        self.timer = QTimer(self)
        self.timer.start(1000)
        self.timer.timeout.connect(self.update_price)

        self.pushButton.clicked.connect(self.order)

        self.position_price = 0
        self.bought_amount = 0

    def update_price(self):
        try:
            price = pyupbit.get_current_price("KRW-BTC")
            self.lineEdit.setText(str(price))

            if self.bought_amount:
                profit_loss = (price - self.position_price) *
self.bought_amount
                self.lineEdit_2.setText(str(profit_loss))

                sell_price = float(self.lineEdit_3.text())
                stop_loss_price = float(self.lineEdit_4.text())
                if price >= sell_price or price <= stop_loss_
price:
                    self.api.sell_market_order("KRW-BTC",
self.bought_amount)
                    self.position_price = 0
                    self.bought_amount = 0
                    QMessageBox.information(self, "매도 완료",
"비트코인이 청산되었습니다.")
        except Exception as e:
            print(e)

    def order(self):
        try:
            price = pyupbit.get_current_price("KRW-BTC")
```

```
            if price is not None:
                self.bought_amount = 10000 / price
                self.api.buy_limit_order("KRW-BTC", price,
self.bought_amount)
                self.position_price = price
        except Exception as e:
            print(e)


if __name__ == "__main__":
    access_key = "your-access-key"
    secret_key = "your-secret-key"

    app = QApplication(sys.argv)
    main_window = CoinTradingSystem(access_key, secret_key)
    main_window.show()
    sys.exit(app.exec_())
```

위 코드는 요구 사항에 맞추어 PyQt5를 사용한 비트코인 자동매매 시스템의 파이썬 코드입니다.

암호화폐 자동매매 시스템의 요구 사항에 따라 시스템을 구성하였습니다. 이 코드를 실행하려면 CoinTradingSystem.ui 파일을 먼저 생성하고 해당 위치에 저장해야 합니다. 그리고 pyupbit 및 PyQt5 모듈을 설치하고 실행해야 합니다. 각자의 access_key와 secret_key를 입력해주신 후 실행해주세요.

이 코드를 C:\PythonProject에 CoinTradingSystem.py라는 파일로 저장해 줍니다. 여기서 우리가 수정해줘야 할 부분은 업비트에서 실제 주문을 넣기 위해서 필요한 2개의 키인 access_key = "your-access-key"와 secret_key = "your-secret-key"뿐입니다.

대단하네요! 알아서 UI의 변수와 연결하고 시스템의 목표를 구현해주는 코드를 잘 작성하였습니다. 과연 이 코드가 잘 작동할지 궁금합니다.

챗GPT로 받은 코드 실행

앞에서 받은 Access key와 Secret key를 입력하고 프로그램을 실행하면 그림 6-70과 같은 화면이 나타납니다.

그림 6-70 암호화폐 자동매매 시스템 실행 화면 1

시스템이 문제없이 작동하고 현재가를 1초마다 업데이트해 보여줍니다.

주문을 넣기 전 먼저 이익청산기준가와 손실청산기준가를 정합니다. 여기서 이익청산기준가는 3915만 원, 손실청산기준가는 3905만 원으로 정하겠습니다. 그 말인즉 비트코인을 현재가로 1만 원치 매수한 후, 그 가격이 3915만 원 이상으로 오르면 이익청산을 한다는 뜻이고, 3905만 원 이하로 빠지면 손실청산을 하겠다는 뜻입니다. 과연 현재가로 매수한 비트코인을 시스템이 알아서 잘 모니터링하여 기준 가격이 왔을 때 제대로 청산할지 벌써부터 궁금해지네요.

그림 6-71 **암호화폐 자동매매 시스템 실행 화면 2**

각 기준가에 정해진 가격을 넣고 [주문실행] 버튼을 눌러보겠습니다. 그사이에 현
재가가 3911만 원에서 3908만 6000원으로 하락하였네요. 더 싼 가격에 매수할 수
있으니 [주문실행] 버튼을 눌러서 매수해보겠습니다. 주문을 실행하니 잘 체결되었
는지 손익값도 업데이트되기 시작합니다.

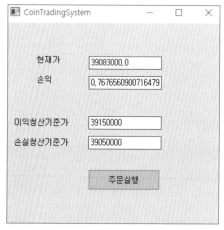

그림 6-72 **암호화폐 자동매매 시스템 실행 화면 3**

업비트 화면을 살펴보니 그사이 가격이 움직여서 그림 6-73과 같이 3908만 원에 체결된 것을 확인할 수 있습니다.

주문시간	마켓명	체결가격	체결수량
	구분	체결금액	
2023.05.06 15:01	**BTC/KRW** 매수	39,080,000 10,000	0.00025588

그림 6-73 **업비트 거래 내역**

자, 이제 값들이 잘 업데이트되고 청산 주문도 제대로 이루어지는지 살펴보겠습니다.

그림 6-74 **암호화폐 자동매매 시스템 자동 주문 실행 결과**

가격이 3905만 원 이하로 내려가니 자동으로 청산하고 팝업까지 띄워주는 것을 그림 6-74를 통해 확인할 수 있습니다.

이렇듯 명확하고 구체적인 질문을 통해서 챗GPT를 사용하면 이런 자동매매 시스템을 간단히 구현할 수 있습니다.

자동매매 시스템 EXE 파일 만들기

이제 어떤 환경에서도 잘 실행될 수 있도록 독립적인 실행 파일을 만들어보겠습니다. 앞의 프로젝트를 통해서 경험했다시피 이를 통해 만들어진 실행 파일과 ui 파일로 어디서든 프로그램을 실행할 수 있습니다. 앞에서 배운 내용을 복습하면서 진행해보겠습니다.

01 먼저 윈도우 탐색기에서 해당 프로젝트가 있는 위치인 C:\PythonProject로 이동합니다.

02 해당 폴더에 커서를 놓고 ⌈Shift⌋+우클릭을 하면 그림 6-38과 같이 [여기에 PowerShell 창 열기]가 뜹니다. 이것을 클릭하여 PowerShell을 실행합니다.

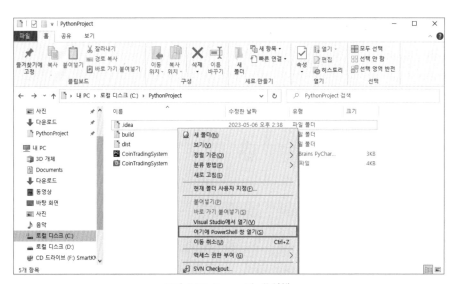

그림 6-75 PowerShell 실행

03 이제 PowerShell 화면에서 그림 6-76의 명령어를 입력하고 엔터키를 눌러 실행합니다.

```
pyinstaller --onefile --noconsole CoinTradingSystem.py
```

그림 6-76 **EXE 생성 명령어**

실행하고 나면 그림 6-77과 같이 성공했다는 메시지가 나타나고 dist라는 폴더에 는 CoinTradingSystem.exe 파일이 생성되어 있습니다.

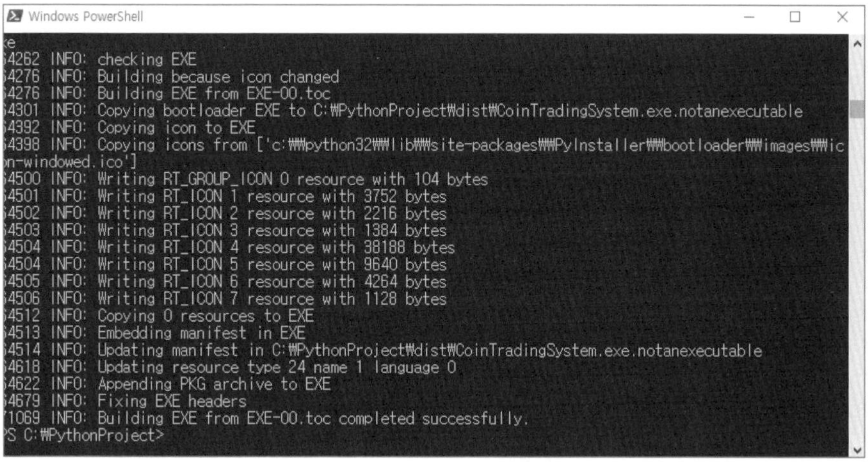

그림 6-77 **EXE 생성 실행결과**

앞서 만든 CoinTradingSystem.ui 파일도 dist 폴더에 같이 넣습니다.

그림 6-78 **최종 생성 EXE 및 UI 파일**

이제 이 EXE 파일과 UI 파일을 복사하여 같은 폴더 위치에 두기만 하면 어느 플랫폼의 컴퓨터라도 해당 파일이 잘 실행될 것입니다.

CoinTradingSystem.exe를 클릭하여 실행해봅니다.

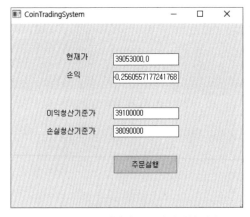

그림 6-79 **최종 생성된 EXE 파일 실행 결과**

최종적으로 실행한 결과는 그림 6-79와 같습니다. 암호화폐 주문을 실행하여 매수를 하고 포지션이 있으면 그 포지션을 모니터링하여 자동으로 이익 실현 또는 손절을 해주는 간단한 자동매매 시스템이 훌륭하게 작동한다는 것을 알 수 있습니다.

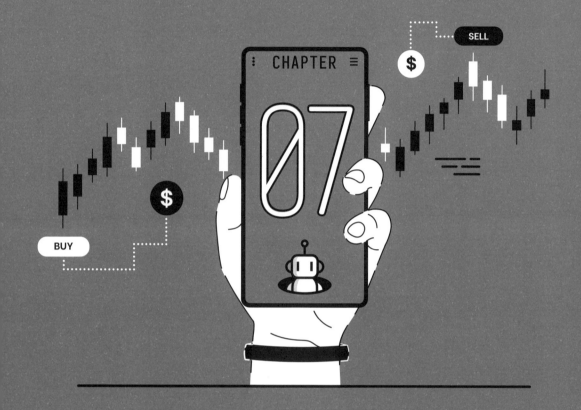

맺음말

7.1 이 책을 통해서 얻은 것

챗GPT를 이용한 코딩, 잘 따라오셨나요? 코딩을 잘 모르는 분들께는 최대한 쉽게 따라 할 수 있는 방법을 알려드리고, 코딩을 어느 정도 할 줄 아는 분들께는 챗GPT의 기술력을 함께 보여드리며 그 이용법에 대한 방향을 제시하고자 했습니다.

파이썬에 대해 이름만 들어보았을 뿐 어떻게 다루는지, 설치는 또 어떻게 하는지 모르는 분들에게도 이 책이 한 걸음을 내딛는 데 도움이 되길 바라며 파이썬의 기초부터 소개했습니다. 코딩에 대한 막연한 두려움으로 인해 기술적으로 접근하기 어려워하던 분들에게도 너무 어려운 내용이 되지 않기를 바라는 일념 아래 챗GPT의 코딩 활용법에 대해 쉽게 접근하고자 했던 노력이 여러분께 잘 전달되었기를 바랍니다.

챗GPT를 다룰 때 제일 중요한 것은 역시 '질문을 어떻게 하는가'라는 것입니다. 모호한 질문은 모호한 답변을 낳으며, 질문자의 방향에 따라 코드도 달라집니다. 하지만 질문자의 창의력과 배경 지식이 풍부할수록 챗GPT는 이에 상응하는 결과물을 보여준다는 것은 크나큰 매력이 아닐 수 없습니다. 이것은 인간인 우리가 집중해야 할 것이 바로 창의력이라는 것을 시사합니다. 코딩 지식 유무를 떠나 더 큰 그림에 집중할 수 있도록 도와주는 유효한 수단이 등장했고 사용 가능한 영역에 들어온 것이 현실입니다.

챗GPT의 버전이 업그레이드될수록 우리가 생각한 것 이상의 퀄리티와 속도로 그 결과물을 뽑아낼 수 있을 것이라고 생각합니다. 그렇지만 코딩의 영역에 있어서 그 품질이 더 좋아질 수는 있어도 기본적으로 이 책에서 보여준 흐름에서 크게 벗어나지는 않을 것입니다.

이 책에서 구현한 챗GPT 코딩 방법을 연습하면서 자신만의 것으로 만들려는 노력을 곁들인다면 버전이 업그레이드될수록 더욱 정교한 결과물을 얻을 수 있을 것이라고 생각합니다.

7.2 금융과 챗GPT

금융과 인공지능 기술인 챗GPT 사이에 큰 관계가 없다고 생각하셨던 분들도, 이 책을 읽으면서 이 둘의 결합이 얼마나 큰 시너지를 낼 수 있는지 몸소 느꼈을 것입니다. 금융 분야에서 방대한 정보를 사람이 일일이 찾기는 어려울뿐더러 빠른 속도로 원하는 정보를 얻기도 쉽지 않습니다. 이런 환경에서 챗GPT를 활용한 금융 프로그래밍은 원하는 데이터를 정확하고 빠르게 수집하여 분석하는 역량을 획기적으로 발전시킬 수 있도록 도움을 주는 촉매제 역할을 톡톡히 해낼 것입니다.

챗GPT를 활용한 금융 프로그래밍 능력을 적극적으로 이용하고 시장의 정보와 자신의 전략을 적절하게 결합하여 트레이딩하는 사람의 수익률이, 단순히 직감과 경험, 뉴스 등에 의존하여 거래하는 사람의 그것보다 안정적이고 높을 것이라는 건 당연지사입니다.

이 책에서 보여주는 챗GPT 코딩 플로flow를 적극적으로 활용하여 특별한 비용을 들이지 않고도 나만의 금융 프로그램 파일을 하나씩 만들어보면서 실제 트레이딩에도 적용해보기를 바랍니다.

7.3 챗GPT와 인간

챗GPT가 많은 것을 대신 해결해주니 우리는 그저 챗GPT가 이끄는 대로 따라가면 되는 것일까요? 저는 오히려 인간이 더 다양한 분야에 대해 깊이 있는 공부를 지속해가야 한다고 생각합니다. 회사를 예로 들어보겠습니다. CEO와 일반 사원들 사이에서 요구되는 역량과 지식은 서로 다릅니다. 회사의 방향에 대해 미래 지향적인 판단을 내리는 자리에 있는 CEO는 거시경제, 재무, 산업의 트렌드 등 다양한 분야의 지식을 쌓기 위해 노력합니다. 반면, 일반 사원들은 직군과 관련한 전문 지식을 쌓아가면서 자신이 속한 직군의 업무를 바르고 효율적으로 처리하는 실무를 담당합니다.

챗GPT와 인간의 관계는 어쩌면 CEO와 일반 사원과 같은 관계가 아닐까요? 인간이 CEO로서 우리의 삶의 방향과 직업의 방향을 설정하기 위해 끊임없이 다양한 분야의 정보를 습득하고 판단하기 위해 노력한다면, 챗GPT는 이를 실무적으로 처리해주기 위한 도구로서의 관계가 이상적이지 않을까 하는 생각입니다.

이 책에서 살펴본 챗GPT를 이용한 금융 프로그래밍과 같이 사용자 개인의 금융 지식과 전략이 폭넓고 정교할수록, 그것을 바탕으로 도출해내는 결과물 또한 퀄리티가 높을 수밖에 없습니다. 즉, 인간이 가진 능력과 판단에 깊이가 있을수록 도구로서의 챗GPT도 이에 상응하는 결과를 낸다는 의미입니다.

따라서 도구로서의 챗GPT를 최대한 활용하면서 개개인의 능력을 키우기 위해 더 넓고 깊게 학습하며, 이를 창의력과 결합하여 실행에 옮기는 것까지가 우리 앞에 놓인 과제라고 생각합니다. 일각의 우려와 같이 인간과 챗GPT와의 관계가 역전되지 않기 위해서, 우리가 진정으로 스스로의 주인 역할을 하기 위해서, 각 개인과 인간은 어떤 역량을 키워야 하는가에 대해 충분히 고민해야 할 것입니다.

앞으로 쏟아져 나올 인공지능 기술을 마주하며 살아갈 여러분에게 이 책이 새로운 시대의 새로운 도구에 대한 길라잡이 역할을 할 수 있기를 바랍니다.